ENTDECKE. DEINE. INNERE. KRAFT.

Dirk T. van Dinter

AF220255

Buch

„Unsere größte Angst ist nicht, unzulänglich zu sein. Unsere größte Angst besteht darin, unermesslich mächtig zu sein. Unser Licht, nicht unsere Dunkelhiet, ängstigt uns am meisten." Marianne Williamson

Was ist das für eine Kraft, die in jedem von uns wohnt und die uns hilft, Krisen und Stürme zu überstehen? Bist du ihr schon einmal begegnet? Bist du DIR schon begegnet, in deiner wahren Kraft? Dieses Buch lädt dich ein zu hinterfragen, zu suchen, abzuschütteln. All das loszulassen, was dir nicht mehr dient und was dich davon abhält, der zu sein, der du wirklich bist. Die Entdeckung dessen, was dich wirklich ausmacht, ist das größte Geschenk, das du dir und der Welt machen kannst.

Autor   (www.ergebnisse-mit-wirkung.de)

Dirk T. van Dinter, geboren 1969, war selbst lange Suchender und übte verschiedene Berufe aus, bis er aus der Deckung kam, um seine Berufung zu leben: anderen Menschen dabei zu helfen, ihren Weg und ihren wahren Kern zu finden. Sein Wissen und seine Erfahrungen teilt er in Power Coachings und Sprechtrainings für mehr Präsenz.

Dirk T. van Dinter ist kein Kuschel-Coach, sondern liebt Klartext und praktische Umsetzbarkeit. Sein Motto lautet: „Du brauchst keinen Guru, der dir erlaubt, der zu sein, der du bist!" Als Person und Mentor unterstützt er, hilft, treibt voran, fordert solange heraus, bis seine Kund*innen ihre eigene Kraft wiederentdeckt haben und es schaffen, sie auch im Alltag zu leben. Mit Freude und ohne unnötigen Ballast

Der Autor ist Vater von zwei Kindern und wohnt mit ihnen in Norddeutschland.

ENTDECKE. DEINE.

INNERE. KRAFT.

Der Tag, an dem Sisyphos den Stein losließ

Dirk T. van Dinter

Bibliografische Information der Deutschen Nationalbibliothek: Die Deutsche
Nationalbibliothek verzeichnet diese Publikation in der Deutschen National-
bibliografie; detaillierte bibliografische Daten sind im Internet über dnb.
dnb.de abrufbar.

ISBN: 9-783755-715429

1. Auflage, 2021

Dieses Buch ist auch als E-Book erhältlich

Lektorat: Karen Christine Angermayer

Korrektorat: Bianca Weirauch

Umschlagfoto: Nastco/iStock

Foto van Dinter: Gesche Jäger, Hamburg

© **2021, Dirk T. van Dinter**

Herstellung und Verlag: BoD – Books on Demand, Norderstedt

Für meine Töchter, denen ich den
Mut wünsche, ihren eigenen Weg
zu gehen.

Inhalt

EINLEITUNG 9

5 Anzeichen, dass du nicht dein Leben lebst 11

Kapitel 1 Sisyphos und die Problemschleife 15

    1. Was ist ein Problem? 15
    2. Sisyphos macht nicht mehr mit 20
    3. Weggegangen und doch nicht frei 23
    4. Sisyphos wächst über sich hinaus 24
    5. Sisyphos verdreht die Welt 28

Kapitel 2 Wie wir unsere Macht verlieren 30

    Standortbestimmung: Wo und wer bist du? 33
    1. Schritt: Deine Wohnung 33
    2. Schritt: Deine Kleidung 35
    3. Schritt: Deine Bücher 36
    4. Schritt: Dein Wohnort 38
    5. Schritt: Dein innerer Kern 40
    6. Schritt: Dein äußerer Kern 43
    7. Schritt: Dein Lebenslauf 47
    8. Schritt: Infos zusammentragen 49
    Fragen fürs Finetuning: 54

    Annahmen über diese Welt 56
    1. Annahme: Es gibt Gerechtigkeit 57
    2. Annahme: Konkurrenz muss bekämpft werden 60
    3. Annahme: Du brauchst Vorbilder 64
    4. Annahme: Deine Startbedingung entscheidet 68
    5. Annahme: Ohne Geld bist du nichts 73

6. Annahme: Du bist deine Werte 76

Ein kleines Zusatz-Experiemnt 79
Wissen ist Macht 80

Kapitel 3 Holde dir deine Macht zurück 82

Weil jeder sein Päckchen trägt. 83
Wie geht loslassen? 90
Mut heißt nicht ohne, sondern trotz Angst 95
Du lebst, weil deine Vorfahren stark waren 99

Kapitel 4: Was ist Persönlichkeit? 102

Ich bin 102
Spiele ich die Rolle oder sie mich? 109
Bist du typisch? 113
Werte sind wertvoll 119
Verkehrte Welt 123
Deine Macht in den Händen anderer 127

**Kapitel 5 Falle aus der Rolle, bevor
du in die Falle rollst** 131

Der innere Saboteur 131
Krabbenkorb-Effekt 134
Einsam im Niemandsland 136
Hintertür oder brennende Schiffe? 139
Zusammengefasst 144

Die Menschen in der Arena 146

DANKSAGUNG 149

EINLEITUNG

Liebe Leserin, Liebe Leser,

in diesem Buch zeige ich dir einen Weg, auf dem du dich selbst kennen und verstehen lernst. Vielleicht stehst du auch manchmal vor der Frage: „Wer bin ich wirklich?". Es fällt uns nicht immer leicht, zu unserem wahren Kern vorzudringen. Wir spielen verschiedene Rollen, leben Werte und haben Ansichten – aber, was ist das EINE, das uns wirklich ausmacht?

Es ist Zeit, zu überprüfen, abzulegen und das Gute zu behalten. Am Anfang des Weges wirst du hinterfragen, suchen und abschütteln. Nach und nach gewinnst du Klarheit. Vielleicht stolperst du manchmal und bist kurz irritiert, aber du dringst zu deinem inneren Kern vor und wirst gelassener. Wir rollen Stein um Stein den Berg hoch, empfinden unser Leben als zu schwer, wissen aber nicht - wo loslassen.

Ich wünsche dir dabei viel Freude und ermutigende Selbsterfahrungen.

Dirk T. van Dinter, im Herbst 2021

5 ANZEICHEN, DASS DU NICHT DEIN LE-BEN LEBST

1. Du beschäftigst dich sehr viel damit, was andere Menschen tun oder haben. Manchmal wirst du neidisch, dann wieder wütend. Nur zu existieren, erträgst du nicht mehr.

Wärest du in deinem Leben, hättest du gar keine Zeit für solche Gedanken.

2. Du spürst eine tiefe, innere Leere und Sinnlosigkeit, die du versuchst zu überspielen und zu füllen. Du stopfst dieses Loch mit Grübeleien, Erlebnissen, Alkohol, Essen, Fernsehen, … Doch nichts hilft.

Wärest du in deinem Leben, würde dich, was du schaffst, erfüllen.

3. Wenn du siehst, was andere geschafft haben, stellst du deine Fähigkeiten und Talente infrage. Du hast das Gefühl, was du tust, ist belanglos und unwichtig.

Wärest du in deinem Leben, würdest du Ja zu dir sagen und wissen, dass du eine Bereicherung bist. Du würdest brennen, für das, was du tust.

4. Freie Tage oder Freizeit irritieren dich. Einerseits genießt du es, nicht zu arbeiten. Andererseits denkst du, was soll ich mit der Zeit anfangen?

Wärest du in deinem Leben, hätte der Tag nicht genug Stunden. Du liebst es, morgens aufzustehen und endlich ans Werk zu gehen.

5. Auf die Frage, was du vom Leben erwartest und im Sinn hast, weißt du keine wirkliche Antwort. Dir fehlt der Zugang zur eigenen Seele.

Wärest du in deinem Leben, würdest du in dir ruhen und deine Bedürfnisse und Ziele kennen. Du hättest Frieden mit dir selbst.

Wir reden gerne vom Hamsterrad. Einerseits klingt diese Metapher furchtbar verbraucht, andererseits ist sie treffsicher. Jeder von uns kennt das Gefühl, im Alltagstrott festzuhängen. In uns schreit es nach Veränderung. Zumindest hoffen wir, dass irgendetwas anders wird, egal was. Mitunter wissen wir genau, was uns stört, haben aber keine Ahnung, wie es besser wird. Das Leben ist voller Regeln, die wir nicht einfach über Bord werfen. Wir haben Verpflichtungen, die zu erfüllen sind.

Paradox an der Situation ist Folgendes: Sobald wir nur darüber nachdenken aus dem Hamsterrad auszubrechen, sorgen wir uns, welche Konsequenzen es für andere hat. In der Tretmühle selbst, meinen wir, dem Umfeld ist es egal, wie es uns ergeht.

Den Prototyp von Hamsterrad erlebte Sisyphos. Einer griechischen Sage nach hat er die Götter verärgert und wurde dafür bestraft. Am Fuße eines Berges stehend, war seine Aufgabe, einen übergroßen Stein bis zum Gipfel hinaufzuschieben. Mit bloßen Händen. Der Fluch bewirkt, dass ihn kurz vor dem Ziel die Kräfte verlassen, und der Gesteinsbrocken den Berg hinab rollt. Er eilt dem Stein hinterher und legt von vorne los. Immer wieder. Gefangen in einer Endlosschleife. Echte Sisyphosarbeit eben.

Die Geschichte ist eine geeignete Metapher, die uns zeigt, wie wir mit Problemen umgehen. Manchmal zumindest. Das Bild lässt sich aus verschiedenen Blickwinkeln betrachten.

Es gibt den Ausspruch: „Wenn du ein Problem nicht lösen kannst, dann löse dich vom Problem." Das ist Sisyphos natürlich nicht möglich. Darin liegen ja Fluch und Strafe. Viele Menschen scheinen genauso wenig Abstand zu ihren Herausforderungen zu bekommen. Es hat den Eindruck, sie handeln unter Zwang. In immer neuen Variationen.

Oder, es gibt das Sprichwort: „Du machst aus einer Mücke einen Elefanten." Da wird aus einem kleinen Steinchen ein riesiger Felsbrocken. Das Problem wächst den Menschen über den Kopf.

Dieses Zitat wird dir ebenfalls bekannt vorkommen: „Man sieht den Wald vor lauter Bäumen nicht mehr." Sisyphos erkennt vor lauter Stein den Berg nicht mehr. Es scheint, als drehe sich alles in seinem Leben um diesen Stein. Ob das stimmt? Bei ihm leider ja. Das ist ja seine Strafe. Aus der Nummer kommt er so schnell nicht mehr heraus. Und bei uns Menschen? Wir sind oftmals so auf das Problem fixiert, dass es uns blind macht für Lösungen.

KAPITEL 1

SISYPHOS UND DIE PROBLEMSCHLEIFE

1. WAS IST EIN PROBLEM?

Der online Duden beschreibt es wie folgt:

„Lateinisch problema = das Vorgelegte; die gestellte (wissenschaftliche) Aufgabe, Streitfrage, [...] = vorwerfen, hinwerfen, aufwerfen" Duden verknüpft das Wort Problem mit typischen Adjektiven: großes, gesundheitliches, finanzielles, psychisches, soziales, ungelöstes, technisches und eigentliches.

Worin liegen die Probleme von Sisyphos:

. dem Stein an sich,

. dessen Größe und Gewicht,

. die Strafe, ihn den Berg hinauf zu wuchten,

. dass ihn, kurz vor dem Ziel, die Kräfte verlassen,

. an die Aufgabe gefesselt zu sein,

. keinen Ausweg zu finden,

. mit einem Fluch belegt zu sein?

Oder war das eigentliche Problem, dass er:

. die Götter verärgerte,

. sich nicht unterordnete,

. rebellierte,

. sämtliche Warnungen in den Wind schlug?

Jemand ohne Geld sagt: Ich habe kein Geld. Er meint, haben bzw. nicht haben, erklären seine Situation. Darin verbirgt sich ebenso: „Dafür kann ich nichts." Wenn ein Problem eine gestellte Aufgabe ist, brauchen wir eher Begriffe, die eine Handlung beschreiben - z.B.: Ich habe kein Geld gespart oder verdient. Lösungen erfordern, dass wir handeln. Nichts zu tun, führt zu Konsequenzen, die schlicht andere Probleme erzeugen. Jemand, der kein Geld erwirtschaftet hat (Umstand nicht verändert), ist trotzdem verpflichtet, seine Rechnungen zu begleichen. Werden diese nicht beglichen, entstehen wiederum neue Probleme. Es ist wie bei einer Perlenkette. Ein Problem nach dem anderen wird auf einem langen Faden aufgezogen. Zwischen diesen Perlen liegen weitere Steine. Sie symbolisieren unsere Entscheidungen und Handlungen. Am Beispiel der finanziellen Situation stehen sie für: Etwas verkaufen, Geld leihen, eine Dienstleistung anbieten, aber auch stehlen oder eine Bank ausrauben. Manche reagieren gar nicht. Sie verschließen die Augen, versuchen, das Problem auszusitzen und ihre

Verantwortung auf andere abzuwälzen. Der Volksmund sagt: „Keine Entscheidung zu treffen, ist auch eine Entscheidung."

Wer nicht in der Lage ist, zwischen Pizza und Pasta zu wählen, erhält entweder nichts oder bekommt etwas vorgesetzt. Fertig. Wer sich lieber tot stellt, statt eine Rechnung zu begleichen, hat bald die erste Mahnung im Briefkasten. Wir haben es in der Hand, uns aktiv oder passiv zu verhalten.

Handeln heißt aber nicht hektisch zu agieren, um nach außen beschäftigt zu wirken, das ist leider am Problem vorbei. Sisyphos zeigt uns, wie purer Aktionismus aussieht. Sinnloses Steineschieben. Er ist gefangen in seiner Geschichte, unfähig, daran etwas zu ändern. Wir nicht. Du kennst sicher ebenfalls Menschen, die hart arbeiten, immer darauf bedacht gesehen zu werden, ohne zu irgendeinem Ergebnis zu kommen. Am Ende des Tages liegen die unerledigten Aufgaben weiterhin auf dem Tisch. Für andere.

Einstein war es, der sinngemäß sagte: „Wahnsinn ist, immer das Gleiche zu tun und neue Ergebnisse zu erwarten." Sisyphos beobachten wir mitleidig, um schulterzuckend zu sagen: „Was soll der arme Kerl ändern? Er ist gefangen in der Schleife."

Stimmt das? Läge es nicht an ihm, mit den Göttern Frieden zu schließen oder mit ihnen zu verhandeln? Halte mal kurz inne und frage dich: „Muss ich wirklich jeden Tag machen, was ich hier tue?", „Muss ich mir das wirklich immer und immer wieder gefallen lassen?", „Muss ich wirklich, Monat für Monat, Angst haben, nicht über die Runden zu kommen?", „Muss ich jedes Mal – gegen meinen Willen – hingehen, wo ich nicht hin will?", „Warum das alles, - weil irgendwelche Götter es mir auftragen, von mir erwarten?"

Ein anderes Wort für Problem ist also Aufgabe oder Herausforderung. Dennoch: Ich halte nichts davon, einen Menschen, der von seinem Problem redet, selbstgerecht aufzufordern, seine Situation bitteschön als Herausforderung zu betrachten. Die Person in der Krise sieht keine Lösung und fühlt sich überfordert. Es liegt auf seinen Schultern, nicht auf der von anderen. Wie oft haben wir selbst das Gefühl, schlicht erdrückt zu werden und an unseren Grenzen des Machbaren oder Vorstellbaren zu stehen. Das ist menschlich und in Ordnung. Aus eigener Erfahrung füge ich ermutigend hinzu: „Meistens sind wir stärker, als wir denken und es gibt mehr Wege und Möglichkeiten, als wir auf den ersten Blick erkennen."

Zurück zu unserer Betrachtung: Statt passiv zu sein, ist es besser, selbst zu entscheiden. Dadurch nehmen wir die Fäden wieder in die Hand. Ein erster Schritt wäre, zu beschließen: Ich lasse mich von meinen Emotionen und Ängsten nicht länger erdrücken und dirigieren. Oder: Ich entziehe anderen die Macht und erlaube nicht, dass sie weiterhin über mich verfügen.

Selbst, wenn du in dem Moment keine Ahnung hast, wie es weitergeht, ist das ein wichtiger Entschluss.

Warten und hoffen, dass sich das Problem von alleine löst, wäre ebenfalls eine Option. Aussitzen ist unser Recht. Das bedeutet jedoch, sich vorher bewusst zu werden, welche Konsequenzen es hätte und das wir allein die Verantwortung dafür tragen. Leider folgen mit dieser Strategie meist neue und womöglich größere Komplikationen. Es stimmt schon, manches erledigt sich von selbst. Scheinbar. Andere haben in diesem Fall gehandelt. Zum Beispiel der nervige Arbeitskollege, der von sich aus das Handtuch geschmissen hat, bevor sich Kollegen und Kolleginnen entschlossen, die fürchterliche Atmosphäre zu verlassen. Ob die neue Situation eine echte Lösung ist, wird sich zeigen. Alle, die nicht entschieden haben, sind abhängig von dem, was sich ergibt.

So verrückt es klingt, manchmal lösen wir ein Thema, nur um dasselbe Problem erneut serviert zu bekommen. Da möchte man am liebsten schreien. Kennst du zum Beispiel Menschen, die immer wieder an den falschen Partner geraten? Leute, die sich soeben aus der Schuldenfalle befreit haben und in die nächste geschlittert sind? Was ist das los? Es ist denkbar simpel: Diese Leute haben nicht das Problem gelöst, sondern nur deren Symptome. Es sind nicht die vermeintlich falschen Partner, es ist das „Beuteschema", die Fokussierung auf gewisse Menschentypen. Es waren nicht diese einen Schulden, sondern die Spielsucht dahinter oder der Umgang mit Geld. Genau hier würde Einstein wieder rufen: „Du tust immer das Gleiche und erwartest andere Ergebnisse."

Ohne Frage, es gibt sicher unverschuldete Situationen: Wir werden bestohlen und die Rechnung kann nicht bezahlt werden. Wer trägt die Verantwortung und muss das Problem lösen, – die Person, die das Geld entwendete? Nein, wir.

Manchmal scheint das Leben ein Adventure-Spiel zu sein. Kaum ist die eine Krise überstanden, wartet schon die nächste. Haben die Götter uns übel mitgespielt und eine Steinlawine ins Rollen gebracht? Dann wären wir Marionetten, die ihrem Schicksal ausgeliefert sind. Keiner entkäme. Wie Sisyphos.

Es hätte einen Vorteil, niemandem stünde zu, uns zur Rechenschaft zu ziehen. Die Verantwortung läge allein bei den Göttern. Es gibt Menschen, die ihr Leben, ihre Entscheidungen und ihr Handeln an das Schicksal, Karma oder irgendeine göttlich Macht abgeben. Oft dient diese Einstellung als Entschuldigung für eigenes Fehlverhalten. Wie beantwortest du für dich Fragen wie: „Bin ich Schöpfer meines Lebens oder Opfer?", „Kann ich selbst entscheiden und handeln oder bin ich abhängig?", „Ist das Leben Gestaltungsraum oder Schicksal?"

Die Antworten beeinflussen, wie du mit deinen Problemen umgehst.

2. SISYPHOS MACHT NICHT MEHR MIT

Wenn du das Problem nicht lösen kannst, löse dich vom Problem.

Nach dem Sisyphos den Stein 436.827-mal den Berg hinauf geschoben hat, schüttelt er den Kopf und sagt: „Nein. Schluss. Ich mache nicht mehr mit!" Der oberste Gott antwortet: „So einfach ist das nicht, Junge. Du hast gegen uns rebelliert und deshalb deine Strafe erhalten." „Alles Quatsch", erwidert Sisyphos, „Regeln, die ihr konstruiert habt, muss ich nicht einhalten. Es ist nicht mein Problem, wie ihr das Leben betrachtet. Mein Leben jedenfalls, ist mein Leben. Also, tschüss." Er dreht sich um und lässt die irritierten Götter zurück, die mit Blitz und Donner antworten. Doch Sisyphos ist nicht mehr einzuschüchtern. Er hat durchschaut, hinter der Grenze sind sie machtlos.

Außerhalb verschiedener Systeme, die uns gefangen halten, liegt auch unsere Freiheit. Das können sein: religiöse und spirituelle Gruppen, Arbeitsstellen, Vereine, Beziehungen, ungesunde Eltern-Kind-Bindungen oder das soziale Umfeld. Manchmal hilft nur ausbrechen. Wohlwissend, dass Blitz und Donner nur in diesen Strukturen Macht haben. Sicher, manche Menschen müssen sich zusammenreißen und aufraffen. Bedenke: Die Kraft kommt oft erst beim Laufen.

Als Sisyphos zurückblickte, sah er einen Berg, einen Abhang und Steine. Mehr nicht. Seine Euphorie, die sich in ihm ausbreitete, war eine Mischung aus Lachen und Wut. Das Lachen, das die neue Freiheit begrüßte und die Wut über sich selbst, weil er zu lange einer Illusion aufgesessen war.

Gefangen im System oder in einer destruktiven Beziehungsstruktur, war man überzeugt, es gibt keinen Ausweg. Aus der Entfernung heraus sieht es weniger bedrohlich aus. Die Wut hallt lange nach. Vor allem, wenn wir gewahr werden, dass wir uns aus freien Stücken in die Illusion begeben haben. Wir haben uns den Spielregeln unterworfen und uns entmachten lassen.

Wie ist es bei dir, – wem oder was gibst du Macht in deinem Leben?

In Gesprächen über alte Religionen hören wir Äußerungen wie: „Na ja, die Menschen früher waren noch primitiv, ungebildet und abergläubig." Kurze Zeit später befragt dieselbe Person, die das äußerte, Horoskop oder Karten, wie das Leben so wird. Das wäre so, als würde Sisyphos sagen: „Wie jetzt, der muss immer und immer wieder eine Kiste den Baum hochtragen, wie primitiv ist das denn?" Er dreht sich um, grinst verächtlich und kümmert sich weiter um seinen Stein. Er hat schließlich ein echtes Problem.

Solange sich ein Mensch einem System unterwirft, bestätigt er es. Jede treu ausgeführte Handlung festigt dessen Strukturen. Ob es sich um ein religiöses, spirituelles, institutionelles oder familiäres System handelt, das Konzept ist immer gleich. In dem Moment, in dem ein Mensch Schuldgefühle hat, weil er gegen die Regeln des Systems verstieß, hat er seine Macht verloren. Jeder, der in einer ungesunden Beziehung, in einer unzuträglichen Arbeitsstelle oder in destruktiven Strukturen verharrt, hat sich dafür entschieden. Sisyphos hatte den Stein zu seinem Problem erhoben. Es war völlig klar, dass dieser Felsbrocken eine unlösbare Aufgabe bleibt. Menschen bleiben in Partnerschaften, in denen das Gegenüber das Gefühl streut, egal, wie du dich anstrengst, es ist niemals genug. Sie versuchen, sich eine sinnlose Arbeit schönzureden. Sie probieren alles aus, in der Hoffnung von einem respektlosen Menschen endlich wertgeschätzt zu werden. Sie stecken Geld, Zeit und Energie in Leute, um am Ende erneut ausgenutzt zu werden. Sie betteln jahrelang um Anerkennung der Eltern, die sie weiterhin nicht erhalten.

Sie lassen sich eine Last auf den Rücken schnallen, die sie vorher nicht hatten. Es brennt in einem, ihnen, wie Sisyphos zuzurufen, nein zuzuschreien: „Höre endlich auf, diesen Stein wieder und wieder den Berg hinauf zu schieben. Wann, um Himmels willen, kapierst du es, diese Leute ernähren sich von deiner Energie."

3. WEGGEGANGEN UND DOCH NICHT FREI

Manchmal, so kamen wir zum Ergebnis, muss man sich vom Problem lösen. Es gibt keinen anderen Weg. Weggehen reicht nicht immer. Leider. Werfen wir noch einmal einen Blick auf Sisyphos. Vor zwei Jahren trennte er sich von den Göttern. Er ging seinen eigenen Weg. Wir besuchen ihn in seiner neuen Single-Hütte und bemerken als Erstes überall Steine. Vor und hinter dem Haus, im Garten, im Keller, auf dem Dachboden. Er sieht unseren verständnislosen Blick und entschuldigt sich: „Ich kann es nicht lassen. Es ist wie eine Sucht. Wenn ich keine Steine anschleppe, habe ich ein schlechtes Gewissen. Ich habe Angst bestraft zu werden, wenn ich es nicht tue. Ich habe mich auch so sehr daran gewöhnt."

Kennst du solche Menschen? Sie haben ihrem strengen Vater oder der tyrannischen Mutter den Rücken gekehrt, verhalten sich aber immer noch wie wehrlose Kinder. Sie verließen einen kontrollsüchtigen Partner, rechtfertigen sich jedoch weiterhin für jeden Schritt und sind kaum in der Lage, selbst zu entscheiden. Sie haben ein religiöses System verlassen, reagieren aber immer noch verängstigt, wenn sie Rituale nicht einhalten. Sich vom Problem zu lösen ist eine Sache. Es innerlich aufzulösen eine andere.

4. SISYPHOS WÄCHST ÜBER SICH HIN-AUS

„Der Stein, den ich den Berg hinauf schieben muss, ist viel größer als der Berg selbst", beschwerte sich Sisyphos beizeiten. Kein Wunder. Er war so fixiert auf diesen Koloss, dass er nichts anders mehr sah. Da waren nur der Stein und er. Bis er seine Perspektive wechselte.

Manchmal ist es eine plötzliche Erkenntnis, durch die wir unsere Situation neu betrachten. Erleuchtung nennen wir es gerne. Perspektivenwechsel sagen andere. Es scheint, diese Einsicht taucht aus dem Nichts auf. Sie inspiriert und beflügelt uns. Emporgehoben in die Vogelperspektive weicht der Höhenflug manchmal einem trüben Beigeschmack. Das sind Augenblicke, in denen wir uns unweigerlich fragen: „Wie konnte ich nur so blöd sein? Wieso habe ich mir das solange gefallen lassen?"

Schicksalsschläge sind ein weiterer Auslöser, einen neuen Blick auf das Leben zu bekommen. Was gestern noch wichtig war, ist heute bedeutungslos. Probleme, die bis jetzt schwer zu bewältigen schienen, schieben wir mit Leichtigkeit beiseite, weil ein größerer Stein zu stemmen ist. Das ist vergleichbar mit Situationen, in denen es um Leben und Tod geht und die Beteiligten enorme Kräfte entwickeln. So etwas beobachten wir in einer ratlosen Faszination. Es ist kaum zu glauben und zugleich bewundernswert, wozu wir Menschen in der Lage sind und, - ermutigend. Stimmt's?

Es gibt diese Momente, in denen riesig wirkende Probleme mal eben gelöst werden. Da ist z.B. der alleinerziehende Elternteil, der sich im Alltag überschlägt, um alles unter einen Hut zu bekommen. Die Nerven liegen blank. Von den Emotionen hat nur Verzweiflung überlebt. Es bleibt keine Luft, um durchzuatmen, und die Daumenschrauben packen immer fester zu. Das Hamsterrad dreht sich unaufhörlich und auf ein Neues rast der Stein den Berg hinunter. Plötzlich der riesige Knall, weil die belastete Person die Reißleine zieht, zusammenbricht oder von irgendwoher ein Schicksalsschlag auf das träge System einstürzt. Wie von Geisterhand mischen sich die Karten neu. Die Beteiligten wachen auf, helfende Hände packen mit an und wir sind Zeuge der widersprüchlichen Natur des menschlichen Gemüts. Auf der einen Seite fragen wir uns: „Muss erst was passieren, bevor sich etwas ändert?" Andererseits erleben wir: „Wenn es wirklich drauf ankommt, sind Menschen ganz wunderbare Wesen, die zusammenhalten."

Wer durch einen Burnout aus dem Rennen geworfen wird, regt sich kaum auf, über die offene Zahnpastatube im Badezimmer, die immer wieder zu Streitereien geführt hat. Es gibt Wichtigeres im Augenblick. Studenten, die sich seit Monaten verrückt machen, weil sie den Anschluss längst verloren haben, schälen sich aus der Zwangsjacke, einen Beruf zu ergreifen, der ihnen so gar keinen Spaß macht.

Diese Momente der Erkenntnis oder des Aufwachens, formen aus unseren ach so großen Problemen, kleine, lästige Steinchen im Schuh. Treter aus, Steinchen raus, weiterlaufen.

Zugegeben, das Bild lässt sich nicht uneingeschränkt auf alles und jeden übertragen. Woran liegt es aber, dass ein Problem im Laufe der Zeit so übergroß erscheint? Mögliche Antworten:

. wir beschäftigen uns mit nichts anderem mehr,

. wir steigern uns emotional hinein,

. wir sind nicht willens, den Blick zu verändern,

. wir haben uns in der Wehrlosigkeit bequem eingerichtet,

. wir aalen uns im Selbstmitleid,

. wir sind zu träge, um die Situation zu ändern,

. wir haben es schlicht verpasst, das Problem zu lösen, als es überschaubar war,

. wir haben unsere Nerven oder Toleranzgrenze überschätzt.

Zu Beginn erschien uns der Stein winzig. Eine kleine Unstimmigkeit in der Beziehung, eine unschöne Situation am Arbeitsplatz, eine finanzielle Lücke oder eine leichte Überforderung. Diese kleinen Ereignisse summieren sich. Zuerst ist man ein wenig irritiert, dann genervt und irgendwann gestresst. Nervige Situationen, die sich wiederholen, graben sich in unser Gehirn und Gemütszustand.

Sie entwickeln eine Eigendynamik. Aus dem Steinchen wurde ein Stein. Bevor sie es realisiert, wacht eine Person in einem surrealen Gespräch auf. „Man, jeden Tag, muss ich kochen. Das stresst mich". „Na, dann bestell halt was." Kennst du das Gefühl, das in diesem Augenblick entsteht. „Klugscheißer", ist man geneigt zu antworten. „Der hat das ja nicht die ganze Zeit mitgemacht", denken wir. Ja, genau, aber wir waren halt so blöd. Hast du den Stein den Berg hinauf gerollt oder ich? Nein, Sisyphos.

Vielleicht war es mit dem Steinchen in deinem Leben anders. Da war diese Unstimmigkeit in der Beziehung. Du hast es nicht übersehen, sondern bewusst das Gespräch gesucht. Ein Hagel von Vorwürfen stürzte auf dich ein und ließ dich irritiert zurück. In einer ruhigen Minute hast du erneut angesetzt, nur um die gleiche Erfahrung zu machen. Blitz und Donner in deine Richtung. Dieses kleine Problem schien unlösbar. Es wuchs. Du hast weder den Berg, noch den Stein verlassen. Im Laufe der Zeit hast du mehr an dir selbst gezweifelt und die Wahrheit zu deinem Nachteil verschoben. Die Ohnmacht auf deiner Seite, die Macht auf der des anderen. Wo du auch hinschautest, nur Stein. Die Schwierigkeiten nahmen an Größe zu, du an Kraft ab. Jeden Tag diesen Brocken den Berg hinauf wuchten, zerrt an den Reserven. Und dann der Moment der Erkenntnis: „Das ist doch überhaupt nicht mein Stein, nicht mein Problem. Was mache ich hier?" Oder das Schicksal hat dich gefordert und an einer anderen Baustelle gebraucht. An einer größeren. Dort wurdest du dir wieder deiner Kraft bewusst und die verschobenen Gedanken, der letzten Monate oder Jahre, rückten zurück ins richtige Licht. Plötzlich hattest du neuen Schwung, um dich zu befreien. Schuh aus, Steinchen raus, weiterlaufen.

5. SISYPHOS VERDREHT DIE WELT

Spinnen wir die Geschichte weiter. Als Sisyphos nach einigen Jahren interviewt wird, erzählt er: „Ich stand vor diesem Berg, diesem riesigen Berg. Manchmal konnte ich sogar den Gipfel sehen. Ich habe die Sonne auf meiner Haut gespürt. Gefühlt, dass ich lebe. Manchmal. Denn, wissen sie, die Steine, die vielen Steine." „Welche Steine?", unterbricht ihn der Reporter. „Na, die 436.827 Steine, die ich den Berg hinaufrollen musste." „Aber es war doch nur ein Stein. Immer derselbe", warf der Mann dazwischen.

Ein Wald aus lauter Steinen. Es gibt Menschen, die ihre Fehler ständig wiederholen, um dann zu sagen: „Ich habe tausend Probleme.", „Bei mir stapeln sich die Rechnungs-Probleme." Am liebsten würden wir ihnen zurufen: „Dein Problem ist nur eins. Du gibst dauernd mehr Geld aus, als du hast. Ein und derselbe Stein", „Nein, du gerätst nicht immer wieder an die falschen Partner oder Partnerinnen. Es ist immer derselbe Typ Mensch, den du aussuchst", „Nein, du bist kein Versager. Aber du suchst dir immer Aufgaben aus, die du unmöglich bewältigen kannst, nur um dir und der Welt zu beweisen, dass du scheiterst." Ein Stein, nicht tausende.

Wenn du deine eigene Situation beleuchten willst, schreibe die aktuellen Probleme von dir auf. Mach eine Liste. Entdeckst du wiederkehrende Themen? Manchmal treten sie in verschiedenen Verkleidungen auf und es dauert, bis man sie durchschaut. Immer wieder:

. falsche Partner oder Partnerinnen,

. anstrengende Arbeitsstellen,

. erfolglose Bewerbungen,

. Schulden,

. falsche Geschäftspartner,

. Energie saugende Freunde,

. unpassende Entscheidungen,

. ...

Mal angenommen wir könnten Leute in roten Jacken nicht ausstehen. Dann bedeutet das nicht, vierhundert Probleme zu haben, weil wir entsprechend vielen Menschen in roten Jacken begegnen.

Jeder von uns ist Sisyphos, in seinem eigenen

Thema. Umdrehen und den Fluch beenden, – sofern die Götter uns lassen. Besser formuliert, wenn wir ihnen keine Gewalt mehr geben. Gurus, Systeme oder Machtmenschen, – Süchte, Bedürfnisse oder Begierden: Jeder von uns hat seine Götter, denen er unterworfen ist. Manchmal sind sie nicht so leicht zu durchschauen.

Kapitel 2

Wie wir unsere Macht verlieren

Wir leben in einer komplexen Welt. Sie ist voller Regeln, ungeschriebener Gesetze und Richtlinien. Seit unserer Kindheit sind wir darin geübt, – oder dazu verdonnert – uns daran zu orientieren. Wir haben gelernt, zu tun, was man uns sagt. Es beginnt mit den Eltern. Dann sind es die Erzieher und Erzieherinnen im Kindergarten und Lehrer und Lehrerinnen. Bei manchen von uns kommt eine religiöse Prägung hinzu. Wir bekommen gute oder gut gemeinte Ratschläge, Regeln, Vorschriften, Verbote, Anweisungen, Befehle und haben Erwartungen zu bedienen. Hinterfragen ist nicht gewollt. Rebellion wird bestraft. Wenn nicht direkt und von einer Person, übernimmt das die Macht des Gruppenzwangs. Wir orientieren uns am Umfeld, weil es besser scheint, sich anzupassen. Dabei durchschauen viele nicht, wie System konform oder obrigkeitstreu sie werden. Wir sind zu sehr damit beschäftigt, dazu zu gehören. Die Angst, Außenseiter zu sein ist oft größer, als gegen den eigenen Willen und Überzeugungen zu handeln. Warnt uns unser Bauchgefühl, bringen wir es lieber zum Schweigen. Mit der Zeit merken wir nicht mehr, wenn Menschen uns manipulieren. Wir hören auf, uns zu vertrauen, eigene Entscheidungen stellen wir infrage oder gleichen sie sicherheitshalber mit anderen ab.

Hatten wir in der Kindheit nicht den Raum uns auszuprobieren und unsere Bedürfnisse kennenzulernen, verloren wir den Bezug zu uns. Abhängig zu werden von der Meinung, der Aufmerksamkeit, Liebe und Beachtung anderer, verlief unterschiedlich schnell und intensiv. Die Schlinge zog sich allmählich zu und brachte die Seele zum Schweigen. Fast. Ab und an vernehmen wir ein leises Rufen. Immer wieder mal steigen Bedürfnisse, Träume und Wünsche in uns hoch, – es scheint, es lebe ein unzerstörbares Wesen in uns.

In solchen Momenten ergreifen die einen die Gelegenheit, wie Sisyphos, und sagen: „Nein. Jetzt nicht mehr". Die anderen warten, entscheidungsschwach, auf Anweisungen. Ratlos fragen sie in die Runde, wie die eigenen Träume umzusetzen sind. „Sag du mir was ich will", jammern sie.

Manche bringen den Mut auf, ihr Leben in die Hand zu nehmen, laufen die ersten Schritte, knicken beim leisesten Windhauch aber ein. Sie verfallen in eine Starre. Sie fragen sich, ob sie etwa verbrochen hätten, und erwarten geduldig die Strafe. Willenlos.

Wieder andere erschrecken vor ihrer eigenen Courage und rennen schnell zurück in ihr Mauseloch.

Dann gibt es Leute, die eine Gebrauchsanweisung in Büchern und Seminaren suchen. Sie lesen, hören zu, ohne Gelerntes ins Leben zu integrieren. Lernen in einer Dauerschleife. Der Stein der Weisen rollt auch bloß den Berg hinunter.

Was passiert da? Welche Kräfte sind da am Werk? All die Menschen haben eines gemeinsam: Sie trauen sich nicht, ihr eigenes Leben zu leben. Es scheint, sie sind an etwas gebunden, an etwa gefesselt. Wie Sisyphos an seinen Stein oder an seine Götter. Immer noch haben die Stimmen aus der Vergangenheit Macht über sie. Es donnert der allzeit gleiche Befehl in ihrem Kopf: Bleibe abhängig. Halte dich an Regeln und Vorschriften. Diese Stimme reguliert weiterhin die inneren und äußeren Grenzen. Sie macht blind für die Wahrheit, lenkt Emotionen und Handlungen und lässt verzweifelt rufen: „Kann mir jemand sagen, was ich tun soll – und wie – und wann – und warum?" Statt auf sich selbst zu hören, brauchen diese Menschen Gurus. Diese Gurus sind manchmal offensichtlich und manchmal nicht. Sie verstecken sich oder besser: wir tragen sie still mit uns herum, – in unseren Gedanken, Meinungen, Ansichten, Werten und Handlungen. Sogar durch Relikte, wie Kleidung und Gegenstände ehren wir sie.

Jetzt geht es um dich. Wo stehst du in deinem Leben? Wer bist du? Solche Fragen sind nicht immer leicht zu beantworten. Manchmal sind wir uns sicher, ein anderes Mal entwischt uns die Antwort. Wie wir leben, denken und handeln verrät, wer wir sind oder wer wir zu sein glauben. Lebst du deine Persönlichkeit oder spielst du Rollen? Lässt du dich manipulieren von gegenwärtigen Gurus und „Geistern" aus der Vergangenheit? Um das herauszufinden, suchst du nach Indizien, die über dich erzählen und dir Antworten zeigen.

STANDORTBESTIMMUNG: WO UND WER BIST DU?

1. Schritt: Deine Wohnung

Stell dir vor, jemand fragt dich, wer du bist. Und du erwiderst „Ich bin all das, was du in meinem Leben siehst. Und auch, was du nicht siehst." Gut gesprochen. Denn eine Antwort auf diese Frage braucht nicht philosophisch sein und vor Weisheit strotzen. Sie ist eine Einladung und ruft: „Öffne die Augen und schaue hin. Lerne mich kennen." Genau das meisterst du jetzt.

In diesem Schritt startest du mit deiner Wohnung. Durchschreite sie wie ein Besucher, der aufmerksam jede Kleinigkeit über dich entdeckt. Ein Stück ums andere setzt sich ein Bild zusammen. Was erzählt es? Wen siehst du?

Steht in der Wohnung oder in deinem Haus ein Musikinstrument, ist ein Teil von dir musikalisch. Es sei denn, du verknüpfst eine Erinnerung damit.

Welche Bücher findet man bei dir? Hast du sie gekauft, oder geschenkt bekommen? Liest du sie oder dienen sie zur Deko?

Was hast du dir unterstrichen und markiert? Sind die Werke eher Romane, Ratgeber oder Sachbücher? Welche Themen behandeln sie?

Einen Kühlschrank wird es bei dir sicher auch geben. Was findest du darin, wie ernährst du dich? Hier passt eine Zwischenfrage: Isst du das, was man in deiner Familie immer schon gegessen hat? Hast du einen andern Weg der Ernährung gewählt? Führst du Traditionen fort?

Wie sehen die Wände aus, – weiß, bunt, kahl, mit Bildern geschmückt? Eher Fotos oder Gemälde? Was verraten sie über Geschmack, Interessen und Ansichten?

Egal, welche der Räume du unter die Lupe nimmst, frage immer, was sagt Entdecktes über dich?

Fällt dein Blick auf die Kaffeemaschine, denkst du vielleicht, ja, ich bin eine Kaffeetante. Wie ist ein typischer Kaffeetrinker, eine echte Teetrinkerin? Was verbindest du damit? Seit wann ist das so?

Es ist ein Unterschied, Dinge zu besitzen oder sich darüber zu identifizieren.

Hat sich dein Geschmack verändert, bei der Einrichtung, – in welche Richtung? Gleicht die Wohnung einem Zuhause oder eher eine Unterkunft?

Stelle solche und ähnliche Fragen, bei allem, was dir ins Auge fällt und deiner Meinung nach Wert ist, betrachtet zu werden. Werde hellhörig, wenn du etwas im ersten Moment nicht für wichtig hältst. Hier verbergen sich oft die besten Hinweise. Notiere deine Gedanken, bevor sie dir wieder entwischen.

Findest du diese Detektivarbeit alleine langweilig, lade einen Freund oder eine Freundin ein. Stell dir vor, du bist Sherlock Holmes, der seinem Zuhörer Dr. Watson berichtet, was er entdeckt. Es zählen deine Gedanken, vorerst nicht seine. Du bist es wert, die Schätze in dir zu entdecken.

2. Schritt: *Deine Kleidung*

Es heißt: „Kleider machen Leute." Siehst du das ebenso? Mit Blick auf die Anziehsachen, wie würdest du folgenden Satz spontan ergänzen: „Wenn ich meinen Kleiderschrank öffne, sehe ich zuerst … Das sagt mir, dass ich …"

Wer bist du, sobald du die verschiedenen Kleidungsstücke trägst, – und was beabsichtigst du, dass die Menschen in dir sehen? Reagieren sie so, wie du es erwartest? Verändert sich deine Körpersprache, je nachdem, was du anziehst? Mit welchem Kleidungsstil fühlst du dich am wohlsten? Nutzt du die Kleidung, um etwas hervorheben an dir oder zu verdecken?

Es wird behauptet, dass Menschen meist nur einen Bruchteil ihrer Garderobe nutzen. Ich weiß nicht, ob das so stimmt. Trifft es auf dich zu oder eher nicht? Falls ja, gibt es einen Grund, dass du Kleidungsstücke nicht (mehr) nutzt? Könntest du sie aussortieren? Wäre der neu gewonnene Platz, Luft zum Atmen oder Raum für etwas Neues?

Ich hatte mal in eine schwarze Hose. Meine Lieblingshose. Als ich zu rauchen aufhörte, passte sie nicht mehr. Das hat mich fürchterlich genervt. Sie symbolisierte den Schlanken in mir, der leider ordentlich zugenommen hatte. Die Hose zeigte mir unverblümt die Wahrheit. Es gab nichts mehr zu leugnen. Ich hatte zwei Möglichkeiten, aussortieren oder abnehmen. Ich entschied mich zunächst für Ersteres. Das war bequemer. Dann kramte ich die Hose doch wieder hervor, zum Anreiz für eine Diät. Kennst du dieses „Hosen-Problem"? Mein Tipp: Wirf sie nicht zu schnell weg. Erschwere dir aber dein Leben nicht unnötig, vor allem, wenn sie schon länger im Schrank liegt. So eine dulle Büx bietet einen Anreiz und ermutigt oder erzeugt einen wahnsinnigen Druck. Deshalb für dich: Deine Hose, deine Entscheidung. Das sage ich, weil immer ein Klugscheißer auftritt, sobald es um persönliche Belange geht.

Was drückst du aus mit Kleidung, Farben und Accessoires? Gehörst du damit zu einer Gruppe von Menschen?

Dein Kleiderschrank verbirgt und offenbart Hinweise, wer du bist oder sein willst. Vielleicht auch, wem du nachahmst. Beobachte, ohne zu bewerten und kritisieren.

3. Schritt: *Deine Bücher*

Schaue bei den Büchern genauer hin. Sie verraten unsere Interessen, Hobbys, Wünsche und Professionen. Manchmal offenbaren sie Geheimnisse. Liest du Bücher, die du keinem anderen zeigst, weil sie nur dich etwas angehen? Versteckst du sie sogar, damit sich niemand lustig macht? Welche Themen fallen die zuerst auf? Was lernt der aufmerksame Beobachter über dich?

Stehen in deinem Regal Bücher, weil du sie noch nicht weggeworfen hast? Falls ja, wieso hältst du sie fest? Gibt es andere Dinge, von denen du dich nicht trennen kannst?

Gehörst du zu den Menschen, die sich bedeutsame Zeilen markieren? Erinnerst du noch weshalb? Notierst du dir Gedanken dazu?

Falls du früher schon Wichtiges markiert hast, ist es dir möglich, reflektierend zurückzublicken, – sprechen mich diese Worte immer noch an, haben sie etwas in meinem Leben bewirkt oder sehe ich es heute anders?

Welcher Kerngedanke liegt hinter den angestrichenen Passagen und warum war es dich angesprochen, inspiriert, verändert?

Verraten die Markierungen etwas über deine Visionen, Träume, Wünsche und Bedürfnisse? Hat sich ein Teil davon erfüllt oder blickst du jetzt schwermütig auf diese Zeilen?

Vergleichst du die eben erstellten Notizen über Wohnung und Kleiderschrank mit deinen Büchern, siehst du Zusammenhänge oder hat das eine nichts mit dem anderen zu tun?

Gibt es Parallelen zu den Themen, die du als Kind gelesen hast oder sind das zwei verschiedenen Welten? Ich habe mich früher in die „WAS-IST-WAS-Bücher" vertieft. Auch heute bin ich neugierig, wie was funktioniert. Es zieht sich wie ein roter Faden durch mein Leben, dass ich Dingen gerne auf den Grund gehe.

Würdest du eines der Bücher als deine „Bibel" bezeichnen, nach der du dich ausrichtest? Unterstützt oder ersetzt sie deine Meinung?

4. Schritt: *Dein Wohnort*

Wohnen, ein dehnbarer Begriff. Die einen setzen ihn gleich mit leben und sagen damit, ich bin hier angekommen, mit diesem Ort identifiziere ich mich. Für andere beschreibt das Wort nur die Adresse, in der sich ihre Wohnung befindet. In Wohnorten wachsen wir auf, werden dort sesshaft oder wechseln sie. In meiner Kindheit habe ich oft den Wohnsitz gewechselt, unfreiwillig natürlich. Das hat es mir erschwert anzukommen. Das hat mich auch später lange Zeit ruhelos und rastlos sein lassen. Andere haben ihre Heimat nie verlassen, manche von ihnen, haben wenig von der Welt gesehen. Sie leben in ihrem Kokon und bleiben dort, – freiwillig oder weil sie Angst haben, den sicheren Raum zu verlieren. Neu, anders und Veränderung sind Worte, die mitunter Unbehagen auslösen.

Was sagt dein Wohnort über dich? Bist du aus freiem Entschluss dort und glücklich? Was erzählst du anderen gerne, warum es sich lohnt, an dem Ort zu leben? Sind es finanzielle Gründe, die dich halten? Träumst du von Alternativen? War es das Ziel, längst woanders zu wohnen, aber es war dir nicht möglich, es umsetzen?

Handeln deine Bücher zufällig von: Heimat, Zuhause, Rastlosigkeit, Nomadendasein oder Ähnlichem? Bewahrst du Wandersachen im Kleiderschrank auf?

Ich erzähle dir ein wenig von mir. Das Thema Wohnen hat eine besondere Bedeutung für mich, nicht nur bezogen aufs ständige Umziehen und auf Wohnorte. In meiner frühsten Kindheit waren die Lebensverhältnisse so, dass das Jugendamt entschied, mich in einem Kinderheim unterzubringen.

Dort lebte ich einige Jahre. In einem Vierbettzimmer. Null Privatsphäre. Keine Ruhe. Es war völlig egal, ob man erkrankte, schlechte Laune hatte oder das Bedürfnis sich zurückzuziehen, – es gab den Freiraum dafür nicht. Das hatte Auswirkungen auf mein Leben. Klassenfahrten in Jugendherbergen, ein Albtraum. Gemeinsame Urlaube auf engstem Raum, keine Erholung. Ein Ehebett? Ja, jeder eins, in verschiedenen Zimmern, in unterschiedlichen Wohnungen, Städten und Ländern. Gruselig.

Bei meinen Stiefeltern bekam ich ein eigens Kinderzimmer. Das war cool. Aus Freude wurde aber schnell schlechtes Gewissen, denn die anderen Kinder waren noch im Heim. Da konnte ich schlecht mit umgehen. Wieso geht es mir besser, hämmerte es in meinem Kopf. Diesen Luxus war ich nicht gewöhnt. Ich war inzwischen zehn Jahre alt. Geprägt.

Diese Erlebnisse haben jahrelang in mir gewirkt. Die ersten Wohnungen waren eher eine Katastrophe, denn ein Zuhause. Ich habe lange gebraucht, um so viel Raum für mich anzunehmen und als „meins" zu betrachten und zu gestalten. Was besonders verrückt war, ich habe mir niemals Gedanken gemacht, um den Wohnort. Ich war einfach da, wohin mich das Leben verschlagen hat. Heim, Pflegeeltern, Schule, – das waren die „Entscheider" der Wohnadressen. Und da lebte ich dann. War halt so. Erst, als meine Tochter geboren wurde, habe ich mir selbst erlaubt, uns einen Lebensraum auszuwählen. Aus dem Ruhrgebiet in den Norden. Weg von allem, was an mir zog und ich bewusst hinter mir gelassen habe. Von manchen Problemen muss man sich eben lösen.

Das erzähle ich, weil es dir vielleicht hilft, deine Situationen zu entschlüsseln. Deshalb zurück zu dir. Zu welchen Gedanken bist du gekommen? Wie definierst du den Begriff „Wohnen"?

Wo sind deine Grenzen, wie sicherst du deinen Freiraum? Oder hast du gar keinen?

5. Schritt: Dein innerer Kern

Jemand hat mal gesagt, wir seien der Durchschnitt der fünf Leute, mit denen wir am meisten Zeit verbringen. Solange es freiwillig ist, fühlt es sich bestimmt gut und richtig an. Selbst dann, wenn es kontraproduktiv ist. Aber unfreiwillig? Oh man. Ein Geständnis: Es gab Zeiten, da war ich tatsächlich der Durchschnitt von Menschen, die ihr Leben verschwendeten. Null Bock. Heute achte ich genau darauf, wer in meinem unmittelbaren Umfeld seinen Platz bekommt.

Wir müssen auf dem Schirm haben, dass das direkte Lebensumfeld ein eigens System darstellt. Du entscheidest, wer Teil dieses Systems ist. Es gehört zu deinen Aufgaben es zu gestalten, zu schützen und zu bereichern. Jeder hat Einfluss auf den anderen. Ein Nörgler in der Mitte, ein Jammerlappen, ein

Energiesauger oder egoistischer Nutznießer reicht aus, um die Lebensenergie zu vergiften. Für alle. Ich habe entschieden, das nicht zuzulassen.

Nennen wir das Umfeld den kleinen Ring oder den inneren Kern. Es ist das Herzstück deines Lebens. Wenn das Herz krankt, hat das Auswirkungen auf alle äußeren Ringe. In diesem Zentrum entscheidet sich, wie viel Kraft, Motivation, Inspiration und Unterstützung du für dein Leben bekommst. Ist es eine Insel der Ruhe und des Friedens oder ein Katastrophengebiet? Eines der hermetischen Gesetze sagt: Wie innen so außen, wie im Kleinen, so im Großen. Holen wir hier den Faden dazu, dass wir immer wieder an die falschen Leute geraten. Was ist, wenn diese Menschen nur der Spiegel des Zentrums sind? Einer der fünf Leute, deines inneren Kerns, erniedrigt dich ständig. Dann ist das der Magnet, der dafür sorgt, dass du solche Personen im Außen anziehst. Es bedeutet noch etwas: Wertschätzende Menschen stößt du ab.

Ich habe lange gebraucht, um das zu begreifen, – mit all seinen Konsequenzen. Stell dir mal vor, du gehst spazieren, genießt den Duft des Waldes nach dem Regen und kommst innerlich zur Ruhe. Die schweren Gedanken legen sich. Du hörst das Zwitschern der Vögel und erfreust du dich an deinem Hund, der fröhlich und stolz sein Stöckchen spazieren trägt. Von einem streitenden Paar wirst du aus der Ruhe gerissen. Sie keifen sich an, beschimpfen und beleidigen sich. In diesem Moment willst du diesen Ort sicher, so schnell wie möglich, verlassen. Andere Leute, die in einem streitsüchtigen Kern leben, würden wahrscheinlich direkt mit streiten.

Eine weitere Szene. Nach wochenlanger Arbeit hast du es endlich geschafft, - deine Wohnung ist renoviert. Voller Freude und auch ein bisschen stolz siehst du dich um. „Was ein schönes Zuhause", denkst du, „so gemütlich, die schönen Farben, die Einrichtung, ..." Die Gedanken werden jäh unterbrochen, weil jemand die Tür aufreißt, einige Säcke Müll in deinem Wohnzimmer ausleert und wieder verschwindet. Doch bevor er dich verlässt, reißt er das Bild mit deinen schönsten Erinnerungen von der Wand, um darauf herumzutrampeln. Abwegig?

Wenn du ein kraftvolles Zentrum hast, wird es Menschen geben, die sich davon ernähren und es zerstören wollen. Sie laden ihren eigenen Müll bei dir ab und lassen dich damit zurück. Immer wieder. Mit klaren Ansagen und Grenzen schützt du dein Zentrum. Schicke sie weg. Das wird sie zwar verärgern, sie werden zetern, dich bekämpfen, dir sogar übel nachreden und dich als unverschämt bezeichnen. Das passiert alles außerhalb deines inneren Kerns. Lass sie. Sie sind frustriert, unzufrieden, suchen immer Schuldige an ihrem Leid und zerstören sich gegenseitig. Emotionale Erpressung ist ihre einzige Waffe. Sie merken nicht, dass sie diese auf sich selbst richten. Weil diese Menschen keine eigene Energie haben, werden sie weitersuchen, wen sie aussaugen können. Kümmere du dich um dein

Zentrum. Liegt da Müll von anderen herum? Wird es Zeit, Grenzen zu ziehen? Musst du renovieren? Noch Etwas: Umgibst du dich zufällig mit den falschen fünf Leuten, suche andere.

Weitere Fragen: Geben die Menschen in deinem Umfeld dir genügend Raum? Inspirieren und motivieren sie dich oder erreichen sie genau das Gegenteil? Was trifft eher zu: „Gleich zu gleich gesellt sich gern" oder „Gegensätze ziehen sich an"?

Fühlst du dich den Menschen gegenüber gewachsen oder schwach? Verstecken sich in deinem Umfeld Gurus und Machtmenschen?

6. Schritt: Dein äußerer Kern

Nennen wir das unmittelbare Umfeld den kleinen Ring, gibt es weitere. Bekanntenkreise. Schule und Vereine. Arbeitskollegen. Kunden und andere. Zur Erinnerung: Die Menschen, auf die du dich einlässt, sind der Spiegel deines Zentrums. Triff gute Entscheidungen.

Was ich nicht verstehe, ist, dass unbedarft „genetztwerkt" wird, ohne den inneren Ring zu schützen und ohne diesen zum Maßstab zu nehmen. Würdest du jeden in dein Haus lassen? Sicher nicht. Seit dem Internet ist Netzwerken eine Art Sammelleidenschaft geworden. Je mehr, desto besser. Das macht Eindruck. Stell dir mal vor, du müsstest dich – persönlich – auf den Weg machen zu jedem Menschen, mit dem du dich verbinden willst. Wie groß wäre dein Engagement? Wie ausgewählt der Kreis? Freunde anklicken und wegklicken geht da schneller.

Natürlich hat Social Media Vorteile und es gibt keinen Grund, ins Mittelalter zurückzukehren. Das Internet ermöglicht es, mit Menschen zusammenzuarbeiten, die Hunderte Kilometer entfernt voneinander leben. Aber wie viele digitale Karteileichen hat dein Netzwerk? Welche Kontakte haben lediglich den Sinn größer zu wirken? Freunde, Follower und Likes, – eine Lüge, die offenbar die tiefsten Sehnsüchte von Menschen anspricht. Viele Leute im Internet kommen lieber erfolgreiche rüber, anstatt es in der Realität zu sein. Ob das etwas über ihr Zentrum aussagt?

Das Wort sozial setzt voraus, dass es eine Gruppe gibt, die gemeinsam handelt. Die einzige Handlung bei Social Media Plattformen beschränkt sich oft auf einen „Klick" zur Kontaktanfrage, und einen zur Bestätigung. Das war es für viele. Dennoch wird stolz geprahlt: „Der oder die gehören zu meinem Netzwerk", „Ja, die Person kenne ich, wir sind vernetzt." Man verbindet sich auch gerne mit den kleinen und großen Stars, Gurus und Göttern, in der Hoffnung, dass deren Licht, ein wenig auf einen selbst scheint. „Ich gehöre dazu", wird stolz verkündet.

Ist das digitale Netzwerk eine Ergänzung zu deinem persönlichen, eine Art verlängerter Arm oder ein Ersatz?

Vielleicht gehörst du zu den Menschen, die viele reale Kontakte haben, einfach weil du der Typ dafür bist. Mit den einen hast du mehr, mit den anderen weniger zu tun. Fragen, die du dir stellen könntest: Woher kennst du diese Leute? Was schätzt du an ihnen? Ist eure Verbindung freiwillig oder gezwungenermaßen? Wen würdest du als Freunde bezeichnen und warum? Gibt es Zweckgemeinschaften? Was ist mit einseitigen Kontakten und Nutznießern?

Ob real oder digital, stellst du Menschen auf ein hohes Podest und beförderst sie damit in eine Guru-Position? Zeigen dir diese Leute vielleicht nur, was du auch gerne hättest?

Warum frage ich das? Weil sie nicht immer leicht zu erkennen sind. Gurus treten nicht unbedingt in weißen Gewändern auf, mit vollmundigen Heilsversprechen auf den Lippen. Sie arbeiten subtiler. Machtmenschen holen meistens erst später Krone und Zepter aus dem Säckchen. Zuerst lullen sie dich ein.

Um bei griechischen Sagen zu bleiben, wie bei Sisyphos, passt hier das Bild des trojanischen Pferdes. Ein zuvorkommender, freundlicher und hilfsbereiter Mensch, den du vielleicht schon in deinen inneren Kreis vorgelassen hast, entpuppt sich als absoluter Energiesauger. Aus dem beeindruckenden Pferd entsteigt ein Krieger, der dir das Leben zur Hölle macht, das Kommando übernimmt und dir sagt, was ab jetzt gut für dich ist. Vielleicht war seine Taktik auch weniger offensiv und er hat die Zermür-be-Strategie angewendet, so dass du dich gerade schlicht matschig im Kopf fühlst.

Immer schon haben Menschen ihre Stars und Gurus verehrt, ohne sie jemals persönlich gesehen zu haben. Die digitale Welt aber macht es möglich, sich mit ihnen verbunden zu fühlen. Man gehört jetzt dazu. Mit nur einem Klick öffnet sich die Tür zur Welt des Stars. In beide Richtungen. Eine fixe Idee wird Idealbild im eigenen Zentrum. Der Guru postet ein Bild seiner roten Wand, die Anhänger streichen ihr Heim ebenfalls rot. Der Star trägt ein gelbes Hemd, die Jünger kopieren es ehrfürchtig.

Der erste Schritt zur Befreiung ist, einzugestehen: Wir haben Gurus im Leben, weil wir den Nährboden für sie bereitgestellt haben. Anerkennung, gesehen und geliebt werden, Aufmerksamkeit bekommen, jemanden beeindrucken wollen, sich nicht klein fühlen, dazugehören – all das sind Bedürfnisse, von denen sich Machtmenschen ernähren.

Bei vielen Angehörigen von Sekten und religiösen Gemeinschaften waren zuvor genau diese Bedürfnisse so ausgeprägt, dass sie Opfer ihrer Sehnsüchte wurden. Ich behaupte nicht, dass dies für alle Anhänger genannter Gruppierungen gilt. Doch einige hängen ihr selbstständiges Denken an den Nagel und richten ihre ganze Person auf den selbsternannten Anführer aus. Mir scheint, dass die digitale Welt dieses Verhalten multipliziert hat. Bedürftige finden schneller einen neuen Guru und Machtmenschen neue Anhänger und Bewunderer.

7. Schritt: *Dein Lebenslauf*

Damit meine ich tatsächlich den schulischen und beruflichen Werdegang. Jede Station, jeder Eintrag erzählt über dich. Es gibt statische und dynamische Lebensläufe. Die Ansichten darüber sind geteilt. Die gradlinigen Laufbahnen waren früher das Nonplusultra. Heute sieht man das anders. Altkanzler Helmut Schmidt sagte in einem Fernsehinterview sinngemäß: „Den Mitarbeiter, der mit einer Qualifikation bis zur Rente arbeitet, wird es nicht mehr geben. Bald wird es und muss es Menschen geben, die in verschiedenen Branchen qualifiziert sind."

Mein Werdegang ist nicht statisch. Ich komme aus einer Zeit, in der das überhaupt nicht gut war. „Du eierst rum", sagte man mir. Es gab Personalentscheider, die offenbar mit Generalisten nicht umgehen konnten. Sie lehnten mich direkt ab. Letztlich war mir das egal, weil ich eh meinen Weg gegangen bin. In der heutigen Zeit werden die statischen Menschen an ihre Grenzen kommen. So hat sich das Blatt gewendet.

Wichtiger ist jetzt die Frage, wie dein Lebenslauf aussieht? Welche Konsequenzen hatte er für dich? Was liest du aus den Stationen, die du hinter dir hast? Verraten die einzelnen Phasen etwas über die Entscheidungen, die du getroffen hast oder für dich getroffen wurden? Kindergarten und Schule suchen wir uns ja zum Beispiel nicht selbst aus. Manche Menschen hatten zudem keine Wahl, was ihre Ausbildung betrifft. Hast du frei gewählt? Falls nicht, bist du immer noch dort, wo man dich „hingepflanzt" hat? Fällt es dir deshalb heute schwerer, Entscheidungen zu treffen? Brauchst du heimlich jemanden, der das für dich übernimmt?

Was liest du noch heraus, – bist du der Teamplayer, Eigenbrötler, Kopfmensch, der Kreative und Naturverbundene? Kommen deine Interessen und Fähigkeiten zur Geltung oder zu kurz? Gibt es Anteile von dir, die eingeschlafen sind und darauf warten zum Leben erweckt zu werden?

Denkst du, zu alt für dieses oder jenes zu sein? Was hältst du von Menschen, die mit fünfzig eine neue Ausbildung, ein Studium starten, – lächerlich oder notwendig?

Wird dir bei Schritt sieben allmählich klar, wo sich Gurus und Götter verstecken, falls es so ist? Die erkennst du an deinen Einstellungen zu bestimmten Themen. Woher hast du diese, von dir oder übernommen? Bis du flexibel genug, dich neu auszuloten? Sind sie in Stein gemeißelt, wie: Schuster bleib bei deinen Leisten? Was ist mit Autoritäten, denen du begegnet bist, – hast du dir in ihrer Gegenwart eine eigene Meinung erlaubt, dir die Freiheit gelassen, selbst zu entscheiden? Wirken deren Einflüsse immer noch in deinem Leben, – bedrückend oder inspirierend? Das Echo von Gurus und Machtmenschen hallt auch in diesem Fall sehr lange nach.

8. Schritt: Infos zusammentragen

Wenn du dir zu all deinen Fragen Notizen angelegt hast, ist sicher einiges zusammen gekommen. Vielleicht denkst du jetzt, wie Sisyphos, oh, so viele Steine. Sortiere sie zu einem Gesamtbild. Mein Vorschlag: lege dir eine Mindmap an. In die Mitte des Blattes, das nicht zu klein sein sollte, schreibst du deinen Namen oder den Satz: „Das bin ich." Drumherum notierst du die Gedanken zu den Punkten Wohnung, Kleidung, Bücher, etc. Vielleicht fallen dir Bilder und Symbole ein, die du einbinden kannst. Ich setze voraus, du weißt, wie eine Mindmap funktioniert. Daher gehe ich hier nicht weiter darauf ein. Möglicherweise bevorzugst du eine andere Methode, deine Information zusammenzubringen. Hauptsache, du hast ein Bild über dich oder von dir. Du siehst darin, wo du herkommst und wo du stehst. Dieses Porträt hilft dir auch bei der Frage, wo du hinwillst.

Stell dir einen Soldaten vor, den man nachts in einem Wald aussetzt. Blind. Seine Aufgabe ist, den Weg nach Hause zurückzufinden. Zuerst wird er sich orientieren, um herauszufinden, wo er sich im Augenblick befindet. Er braucht Orientierungspunkte. Innerlich wird er sich ebenfalls sortieren. Er darf nicht in Panik geraten, muss sein Wissen einbringen und genug Ruhe haben, zielführende Entscheidungen zu treffen. Er kalibriert seine innere und äußere Welt, stimmt sie aufeinander ab. Wenn er nicht gelernt hat eine Karte zu lesen, einen Kompass zu bedienen oder die Himmelsrichtung anhand von Sternen oder dem Moosbewachs an Bäume zu deuten, merkt er es spätestens jetzt.

Wenn du die Mindmap anschaust, entdeckst du vielleicht Neues über dich. Oder du merkst, dass es dir schwerfällt, deine eigene Karte zu lesen, weil du Zusammenhänge nicht erkennst, keinen roten Faden findest. Das liegt vielleicht daran, dass du nur siehst, was du gewohnt bist. So arbeitet unser Gehirn. Es ist geschult, sich möglichst schnell zu orientieren. „Da draußen" gleicht es mit dem ab, was in uns ist. Wir haben keine Zeit, immer neu herauszufinden, was in der Welt um uns herum passiert. Stell dir vor, du müsstest jedes Mal lernen, dass ein bestimmter Gegenstand Auto genannt wird und es gefährlich ist, davor zu rennen, wenn es sich bewegt. Einmal gelernt, packen wir das in eine Schublade. Ein anderes Wort dafür heißt Komplexitätsreduktion. Vereinfachen. Die negativen Folgen von Versimpeln sind Vorurteile und Schablonen. Es macht uns betriebsblind. „Das ist jetzt auch nicht wirklich neu", ist ein typischer Gedanke, der aus gewohnten Mustern entsteht. Verdächtig ist diese Sichtweise, wenn sie sich langweilig anfühlt. Bist du einfach nur sehr reflektiert und liebst dein Leben, ist das Gefühl ein anderes. Wie ist es beim Blick auf die Mindmap, – zäh, träge, enttäuschend oder inspirierend, motivierend und voller Entdeckerfreude? Die Macht der Gewohnheit lässt uns allzu oft Dankbarkeit und Staunen verlernen.

Nutze die natürliche Neugierde des Gehirns. Es kann unbeantwortete Fragen nicht ausstehen. Die simple Fragestellung: „Wie geht das?", zeigt es schon. Es braucht unbedingt eine Antwort. Es funktioniert auch in negativer Richtung. Ein Mensch, der sich fragt, warum ausgerechnet er immer so ein Pech hat, erhält Rückmeldung. Er wird sein Leben nur noch mit den Augen des Unglücks lesen und verstehen. Der Blick des Neides bewirkt Ähnliches, – wieso haben die anderen immer so viel Glück, Geld, Freunde und ich nicht? Das Gehirn fragt, das Leben antwortet.

Um diese Betriebsblindheit zu umgehen, könntest du einen Lieblingsmenschen einweihen. Er sagt dir, was er auf der Mindmap sieht oder stellt Fragen. „Was ist das Besondere an dir? Wo liegen deine Fähigkeiten? Was haben die Menschen, die dir gut tun, gemeinsam?" „Was würde dir fehlen, wenn ich dir dieses Buch oder dieses Kleidungsstück wegnehme?" Du suchst, das Leben antwortet.

Oder du stellst dir selbst neue Fragen, z.B. „Wer in mir schaut sich gerade meine Mindmap an, – bin ich das, meine Eltern, meine Lehrer, meine Freunde, mein Partner? Ist es ein imaginärer Gott in mir? Ist es mein Gewissen? Gibt es hier Guru-Alarm?"

Experimentiere ein wenig weiter mit Fragen. Möglichst nüchtern:

Kleiderschrank: Sortiere ich nach Farben, Jahreszeiten, Wetter, alter und neuer Kleidung? Unterteile ich in Sport-, Freizeit- und Arbeitskleidung? Habe ich kein System?

Was ist der Grund, dass ich meinen Schrank ausgerechnet so einräume?

Bücher und Musik: Sortiere ich nach Genre oder Themen, Stimmungen und Launen? Habe ich Lieder für die Hausarbeit?

Sind Bücher thematisch sortiert oder nach Autoren?

Lebenslauf: Ist mein Werdegang statisch oder dynamisch? Beides, in verschiedenen Phasen? Sehe ich einen roten Faden oder erkenne ich keine Struktur?

Welche Emotionen lösen die Lebensetappen aus und die Menschen, an die ich mich erinnere?

Was halte ich von Aussagen wie: „Es kommt immer darauf an, wie man sich verkauft" und „Schuster bleib bei deinen Leisten:"

Habe ich mich in meinen zurückliegenden Bewerbungen positioniert oder eher um die Stelle gebettelt, – gekämpft oder nach der ersten Absage aufgegeben?

Gibt es Stationen im Lebenslauf, die besser unter den Tisch fallen? Möchte ich anderes besonders hervorheben?

Ich habe in der Alten- und Krankenpflege gearbeitet. Das war mein Berufswunsch, schon als Kind. Mit der Zeit musste ich mir eingestehen, nicht für den Job geeignet zu sein. Es gelang mir nicht, mich vom Leid anderer zu distanzieren. Doch, der innere Guru – gebildet aus den Erwartungen meiner Erziehung – sagte mir: „Du hast das angefangen, du ziehst das durch. Jammere nicht, anderen geht es schlechter als dir. Sei froh, dass du einen Job hast." Kennst du so etwas selbst?

Das Ergebnis war, dass mein Körper irgendwann streikte und mit Dauermagenschmerzen und Haarausfall reagierte. Ich zog die Notbremse, nur um dann in ein noch tieferes Loch zu fallen. (Ich gehe an einer anderen Stelle noch einmal darauf ein.) Ich stand vor der Frage, was jetzt? Eine solche Frage kommt meistens nicht alleine, sie hat immer einen fiesen Zusatz, der klingt so: „Ich kann doch gar nichts anderes." Schablonendenken. Für mich war das Anlass, mir genau so eine Mindmap zu erstellen, wie ich sie hier beschreibe.

Wo liegen deine Schätze? Gehen dir bestimmte Aufgaben leichter von der Hand, als andere? Verbirgt sich darin Potential für neue Herausforderungen oder sogar Dienstleistungen?

Hängst du fest, verdrehe die Fragestellung, auch, wenn es zunächst unlogisch erscheint. Damit meine ich, Fragen aus den anderen Themen, beziehst du auf den Lebenslauf: „Habe ich die Jobs nach Wetter sortiert, ausgesucht?", „Bewerte ich meine Fähigkeiten nach meinen Launen", „Wollte ich mit einigen meiner Entscheidungen von etwas ablenken?"

Dieses kleine Experiment hat nur den Sinn, dich zu lockern, wenn du festhängst. Also nicht überbewerten.

Du könntest auch den inneren Kritiker zu Wort kommen lassen. Wohlgemerkt, den Kritiker, nicht den Miesmacher. Das verwechseln leider einige. Er könnte fragen: „Wenn du viele Fähigkeiten und Stationen in deinem Lebenslauf siehst, macht dich das zu einem kreativen und vielseitigen Menschen oder zu einem unschlüssigen Hans-Dampf-in-allen-Gassen?" Du wirst merken, es verrät dir einiges über deine Lebenseinstellung.

Oder: „Hast du noch einen Überblick über dein Leben oder ist es eher so, wie mit deinen Büchern, – bei denen du jedes Mal vor dem Regal stehst und sie suchen musst?"

Oder: „Hältst du deinen Kleiderschrank extra so unübersichtlich, damit du sagen kannst, ich habe nichts zum Anziehen ... und deinen Lebenslauf, damit du sagen kannst, ich kann ja nichts?"

Nicht vergessen: beobachten, zur Kenntnis nehmen und nicht verurteilen. Wenn du bis hierher gekommen bist und die Mindmap ergänzt hast, siehst du deinen Standort. Das bist du an genau dieser Stelle des Lebens.

Fragen fürs Finetuning:

. „Bin das alles ich oder schleife ich Gurus und Götter durch mein Leben, die ich mit meiner Kleidung, Büchern, Musik, Einrichtung, Freunden, Ansichten, Meinungen und Lebensstationen huldige?"

. „Habe ich meine Persönlichkeit entdeckt, lebe ich sie, unterstreiche ich sie oder orientiere ich mich immer noch an anderen und mache mir deren ungeschriebenen Gesetzen zum Maßstab?"

. „Stelle ich meinen eigenen Charakter dar oder zeige ich nach außen, wie sich Menschen meines Berufsstandes, meiner politischen und kulturellen Einstellung oder meiner religiösen Überzeugung geben?"

Im nächsten Schritt betrachte ich mit dir einige Annahmen, die wir von der Welt haben. Vielleicht kommen sie dir bekannt vor. Behalte dabei die Frage im Hinterkopf: „Ist das meine Annahme, die ich im Laufe des Lebens entwickelt habe oder eine übernommene?"

ANNAHMEN ÜBER DIESE WELT

Oft setzen wir Dinge einfach voraus und sind überzeugt, so ist das Leben und nicht anders. Gehst du bei Regen raus, wirst du nass. Isst du zu viel Süßigkeiten, wirst du dick. Voraussetzen bedeutet verinnerlicht haben, ohne darüber groß nachzudenken. „So ist das eben", antworten wir allenfalls, wenn jemand nachhakt. „Eigentlich nicht der Rede wert", denken wir.

Stell dir einmal vor, du gehst bei strömendem Regen nach draußen und es passiert nichts. Du bleibst völlig trocken. So, als hielte ein unsichtbarer Schirm das Wasser von dir ab. Dieser Moment würde irritieren. Da unser Weltbild ins Wanken gerät, gäben wir uns Mühe, schnell eine logische Erklärung zu suchen.

Andere Situationen können uns ebenso irritiert zurücklassen, z.B. wenn wir ein bestimmtes Verhalten von einem Menschen erwarten, er es aber nicht zeigt. Unsere Reaktionen verraten uns:

. „Ich habe doch extra dies und das für dich gemacht und du bist total undankbar",

. „Ich habe gedacht, du freust dich darüber, jetzt lässt du es achtlos liegen",

. „Wie du hilfst mir nicht, ich habe dir doch auch geholfen",

. „Ich verstehe dich nicht, Partner machen das doch so",

. „Wir sind deine Eltern, du kannst doch nicht ...",

. „Das war bis jetzt jedes Jahr so".

Es scheint, als wäre unsere Erwartungen so etwas wie Gesetze. Eigene Kausalitäten. Du weißt, was ich meine, stimmt's? Bleiben wir bei allgemeinen Annahmen, die hinderlich sind. Sie bremsen uns, weil sie sich verselbstständigt haben. Das sind zum Beispiel folgende:

1. Annahme: Es gibt Gerechtigkeit

Ein Gedankenexperiment: Eine Antilope läuft seit Tagen durch die Savanne und findet nichts zu fressen. Einen Tag länger ohne Nahrung und sie stirbt. Elendig. Das finden wir ungerecht.

Weil wir der Situation hilflos gegenüberstehen, fängt jemand zu beten an oder bestellt Futter beim Universum. Eine andere Person bittet vielleicht einen Schutzengel um Hilfe. Wodurch auch immer, es geschieht ein Wunder. Das völlig erschöpfte, ausgehungerte Tier wird, wie durch Zauberhand, in eine Oase geführt. Dort bekommt es genügend Wasser zu trinken und Blätter und Gras zu fressen. Jetzt ist das Leben wieder gerecht.

Ein Löwenweibchen streift mit ihren Jungtieren seit Tagen durch die Savanne und findet keine Nahrung. Der Nachwuchs ist zu erschöpft, um weiterzulaufen. Erbeutet die verzweifelte Mutter nicht bald

Fleisch, ist es aus. Es grenzt an ein Wunder, dass sie ausgerechnet an einer Oase vorbei kommt. Sie hat Glück, eine Antilope kreuzt ihren Weg.

Und jetzt? Wie sollen Gott, Universum oder Engel das Problem lösen? „Na, wie schon", rufen wir, „eine gerechte Lösung finden." Und die sieht wie aus, - die Löwen mutieren zu Vegetariern?

Unsere Vorstellung von Gerechtigkeit ist nichts anderes als eine bestimmte Erwartung. Wir haben eigene Regeln, über Ursache und Wirkung. Unausgesprochene meist. Sie kommen erst dann zum Vorschein, wenn sie nicht eingehalten werden. Manchmal sind wir nur irritiert, manchmal am Boden zerstört. Prallen unterschiedliche Menschen aufeinander, stoßen auch divergente Erwartungen zusammen. Einer zieht den Kürzeren. Punkt. Siehe Antilope und Löwen.

Gerechtigkeit ist ein Konstrukt. Es ist ein instabiles Gedanken-Gebäude. Es fällt auseinander, weil unsere erfundenen Kausalitäten keine natürlichen Gesetze sind, die automatisch eintreten.

Gerechtigkeit ist Ansichtssache. Sie wird aus dem wohlwollenden Blick der Versöhnung betrachtet, oder mit dem Auge von Rache und Neid. Stell dir einmal vor, Nelson Mandela hätte nicht gefordert, dass seine Leute nicht mehr unterdrückt werden, sondern, dass der weiße Mann auch versklavt wird. Wäre das nicht ebenso gerecht?

Wie oft denken Menschen: „Wenn ich nicht, dann die auch nicht." Auge um Auge.

Anders als Nelson Mandela missbrauchen manche Gurus den Durst nach Gerechtigkeit, um Unfrieden zu säen. Sie predigen Nächstenliebe und Vergebung, meinen damit aber oft nur die Leute aus den eigenen Reihen. Menschen anderer Religionen oder Glaubensrichtungen sind Feinde. Sie werden bekämpft, denn sie stehen der Gerechtigkeit im Wege. Selbstgestrickte Kausalität.

Manchmal sorgen Menschen auf sehr eigenwillige Art für ihr Recht. Sie wurden bei der Beförderung übergangen oder Überstunden blieben unbezahlt. Dann ist der Griff in die Kasse gerechtfertigt. „Das steht mir zu", rechtfertigen sich die Leute und wir hören, wie das schlechte Gewissen mitschwingt. „Das ist ausgleichende Gerechtigkeit", wird gesagt und so getan, als sei es von einer höhren Instanz abgesegnet.

Gerechtigkeit ist also nicht immer nur ein Wunsch, ein Bedürfnis, sondern schlicht ein Machtinstrument. „Es wird Zeit, dass wir für Gerechtigkeit sorgen. Erhebt euch gegen ...". Sie werden gepflegt, die Feindbilder. In den Köpfen der Anhänger ist längst eine eigene Kausalität entstanden.

Was denkst du selbst darüber? Welche Erwartungen hast du an das Leben, an dich und an andere?

2. Annahme: Konkurrenz muss bekämpft werden.

Das Zeitalter von „politisch korrekt" ist auch das von „Weichspülerei". Der Begriff Konkurrenz war ein Wort, mit dem jeder etwas anfangen konnte. Es wies darauf hin, dass man sich anstrengen musste, weil man nicht allein im Rennen war. Irgendwann wurde ein schickes Schleifchen um das Wort gebunden, damit es sanfter klingt, weniger angriffslustig. Es hieß von nun an Mitbewerber, vor allem auf dem Arbeitsmarkt.

Nun sind sich die Experten selbst nicht einig. Einerseits sagen sie, Konkurrenz belebt das Geschäft. Andererseits postulieren sie, arbeite dort, wo es keine Rivalität gibt, dann verdienst du mehr. Hier wird gerne das Bild des roten und blauen Ozeans verwendet. Im roten tümmeln sich die Konkurrenten, die sich gegenseitig zerfleischen, deshalb ist das Wasser so blutrot. Im blauen ist mehr Platz und Bewegungsfreiheit.

Die eigentliche Frage ist, was heißt die Konkurrenz bekämpfen? Platt machen, zerstören, in die Pleite zwingen, denunzieren und ausradieren? Ja, so wird teilweise mit Konkurrenten umgegangen. Oder ist es doch eher der Wettbewerbsgedanke, der aus dem sportlichen Geist erwächst. Zielstrebig, mit dem Wunsch zu siegen, aber fair.

Oder ist es inzwischen völlig anders? Die permanente Belastung von höher, schneller, weiter liefert oft nur noch quantitative Ergebnisse. Wer am schnellsten ein Haus baut, hat „gewonnen", egal, ob es beim nächsten Sturm zusammenfällt. Die flottesten und billigsten Handwerker verursachen oft am Ende die meisten Kosten. Bei den lautesten und teuersten Dienstleistern stellt der Kunde genervt fest, keinen echten Mehrwert erhalten zu haben.

Das ist kein Wettbewerb, das ist Egotrip. „Rotz irgendwas hin, kassier die Kohle und nach uns die Sintflut", scheint die Devise. Hauptsache was gemacht. Weil genau das so viel Frust auslöst, profitieren hier die Gurus. Sie tauchen in allen erdenklichen Verkleidungen auf, - als Experten, Lehrer, Speaker, Berater oder Coaches. Sie reichen dir die rettende Hand, bedauern die Reinfälle, die du erlebt hast und versprechen: „Jetzt, wo wir da sind, wird alles anders" und „Wir bringen dich ans Ziel und du lässt die Konkurrenz hinter dir." Sie spielen mit tiefsitzenden Bedürfnissen und Ängsten. Existenzielle Sorgen zum Beispiel, der Sehnsucht nach Erfolg und Anerkennung. Dem Wunsch, etwas abzubekommen vom großen Kuchen.

Die Botschaft: „Ich sage dir, wie es geht" verleitet Menschen dazu, auf fadenscheinigen Erfolg zu schielen. Sie lassen sich blenden. Und jetzt kommt der Trick mit der Konkurrenz, auch geistige Brandstiftung genannt: „Wenn du nicht zugreifts, tun es andere", „Wenn du den Erfolg nicht willst, na, dann überlasse anderen den Siegerpodest", „Wir können dir nur anbieten die Nummer eins zu werden in deiner Branche, aber, wenn du nicht willst …", „Wir bringen den auf Platz eins, der das Angebot annimmt"., „Wir arbeiten nur mit exquisit ausgewählten Leuten". Die Menschen, die das „Angebot" annehmen, haben nicht die Absicht zu gewinnen, sie wollen schlicht nicht verlieren. Das ist ein großer Unterschied.

Taucht in diesem Kampf der Anbieter und Konkurrenten jemand auf und sagt: „Ich bleibe mir selbst treu und biete mein Produkt oder meine Dienstleistung so an, dass ich es mit meinem Gewissen vereinbaren kann", erntet er verächtliche Blicke. Immer wieder wählen Menschen ihr Angebot nach Quantität aus.

Lass uns mal bitte den Satz: ‚Konkurrenz muss bekämpft werden', genauer anschauen. Überspitzt und übertrieben. Kampf ist Krieg. Krieg bedeutet Waffen. Glaubst du, dass man jedem eine Waffe in die Hand drücken kann? Ich sehe einige Leute wahllos durch die Gegend schießen, manche erstarren vor Schreck, andere fuchteln damit hysterisch herum und wieder andere richten sie auf sich selbst. Und ist es nicht das, was die Gurus leben? Sie sagen: „Haut euch die Köpfe ein und bezahlt uns für eure Doofheit." Jetzt wird gekämpft, erstarrt stehen geblieben, in Aktionismus herumgefuchtelt oder sich selbst aus dem Rennen geworfen. Von oben betrachtet sieht das bestimmt „witzig" aus.

Woran kannst du gesunden und ungesunden Wettbewerb erkennen? Wie immer an den Früchten. Wertschätzung oder Abzocke. Wir kennen das aus dem Sport. Es gibt den Verlierer, der seinem siegenden Mitbewerber die Hand schüttelt und sagt: „Du warst heute besser. Du hast mich angespornt und neu inspiriert." Es gibt auch den, der zu Dopingmitteln greift und Tatsachen vortäuscht oder verschleiert.

Die Social Media Kanäle werden voll gerotzt mit unhaltbaren Versprechen. Niemand liest mehr genau hin, wenn ein zwanzigjähriger Coach mit dreißig Jahren Berufserfahrung und tausenden Coachingstunden verspricht, zu wissen, wie man sich auf dem Markt profiliert, um erfolgreich zu sein. Viele Marketing- und Webdesign-Agenturen sind gut darin, Köder-Texte zu verfassen, aber mehr folgt nicht. Wie oft behaupten Firmen, jeden ihrer Kunden auf die erste Seite an Platz eins einer bekannten Suchmaschine zu bringen? Dass das, logisch betrachtet, unmöglich ist, wird lieber verdrängt. Das Bedürfnis, dazu zu gehören, reicht doch völlig aus, um sich um den gesunden Menschenverstand zu lesen.

Auch der Arbeitsmarkt ist nur ein Spiegel unserer Denk- und Handlungsweise. Wo wird der Grundstein gelegt für diese Art von Konkurrenzdenken, – in der Schule, in der Familie? Das muss jeder für sich selbst beantworten. Nur so wird uns die eigene Verantwortung an diesem Machtspiel bewusst. Auch die Fallen.

Stelle dir folgende Fragen: Wer ist in meinem Bereich Mitbewerber? Sehe ich sie als zu bekämpfende Konkurrenz oder als Inspiration? Habe ich mein Geld schon mal in leere Versprechen verschleudert, in der Hoffnung, erfolgreicher zu werden? Wie schütze ich mich in Zukunft davor?

3. Annahme: Du brauchst Vorbilder

Wäre das Leben ein abgegrenztes Spielfeld, stünden auf der einen Seite Vorbilder und Idole, auf der anderen Bewunderer und Nachahmer.

Vorbilder sind nicht jene, die sich dafür halten oder uns vor die Nase gesetzt werden, sondern die, die wir uns aussuchen. Wir sagen: „Ich nehme mir diese Person zum Vorbild." Autoritätspersonen und Menschen in verantwortlichen Positionen haben auch Vorbildfunktion. Manchen begegnen wir mit Respekt, andere nehmen wir nicht für voll. Das liegt einzig daran, wie sie sich verhalten. Wie das Wort Vorgesetzte sagt, geht es in dieser Situation um Leute, die wir vorgesetzt bekommen. Lass uns jetzt über jene nachdenken, die wir selbst aussuchen. Hier scheinen die Erwartungen weit auseinanderzugehen.

Echte Vorbilder sind für mich Menschen, die etwas geschafft haben, was ich auch schaffen möchte. Sie sind vorangegangen, wodurch es mir möglich ist, von ihren Erfahrungen zu profitieren und aus ihren Fehlern mitzulernen. Ich beobachte, hinterfrage und reflektiere. Zeitweise wähle ich sie als Lehrer oder Mentoren aus. Das muss nicht immer im unmittelbaren und persönlichen Kontakt sein. Für mich gibt es einen wichtigen Unterschied. Lerne oder kopiere ich? Von einem Künstler kann ich Maltechniken erlernen, mir Wissen über Proportionen und Perspektiven aneignen, um dann selbst zu malen. Im Laufe der Zeit entwickle ich sogar meinen eigenen Stil, – die unverkennbare, künstlerische Handschrift. Der andere Weg ist, Bilder des Lehrers zu kopieren. Vielleicht ist der Schüler stolz, wenn er hört, dass er genauso malt wie sein Meister. Je schwerer es ist, diesen Künstler zu replizieren, desto größer die Bewunderung. Aber, es bleibt eine Kopie. Und der Anhänger wird zeit seines Künstlerlebens über seinen Meister definiert.

Als Kinder und Jugendliche himmeln wir Idole an, ohne viel darüber nachzudenken. Musiker, Sportler, Gamer hinterlassen einen bleibenden Eindruck. Das ist völlig normal. Der Grundstein für die eigene Persönlichkeit wird allerdings ebenso in dieser Lebensphase gelegt. Wer in Richtung „Idolbewunderung" übertreibt, entwickelt leider wenig Individualität. Irgendwann sollte bei jedem von uns der Punkt kommen, an dem wir unterscheiden zwischen inspirieren lassen und kopieren. Denn das hat größere Ausmaße, als uns in der Jugend bewusst ist.

Ich behaupte: Die Menschen, die als Erwachsene

einen Guru brauchen, haben diese wichtige Entwicklungsstufe verpasst. Sie bleiben Bewunderer und Nachahmer. Manche nicken nur dösig ab, was die Vorbilder sagen und tun. Sie eifern gedankenlos nach und büßen immer mehr ihrer wunderbaren Persönlichkeit ein. Eigene Entscheidungen entwickeln sich zu unlösbaren Krisen und es muss jemand her, der übernimmt. Wirf nur mal einen Blick auf Selbstständige, die Branche ist egal, – jede Webseite ist gleich. Von der Gestaltung, über die Texte bis hin zu den Angeboten: Kopien von Kopien. Sie schauen ehrfürchtig zu Gurus auf, die ihnen sagen: „Wenn du erfolgreich sein willst, so wie ich, dann musst du ..." Die Blaupause wird ins Volk gereicht und fleißig kopiert. Inzwischen ist die Situation so pervertiert, dass einige dieser Götter unverblümt postulieren: „Du brauchst es nicht wissen, du musst nicht selber denken, mach nur das, was ich dir sage." Wir können uns darüber aufregen und streiten, ob die Gurus die Blöden sind oder deren Anhänger. Eines ist aber sinnlos: Abzustreiten, dass es Bedarf an Anführern gibt, denen gedankenlos gefolgt wird.

Wer nie seine Persönlichkeit kennengelernt hat, seine Gaben und Talente nicht aus den Tiefen der Seele gefördert hat, nicht einmal ein eigenes Statement über die Welt und das Leben entwickelt hat, braucht eben einen Guru. Und die stehen in den Startlöchern. Einige kommen durch den Vordereingang, andere – eine Spezialität von Narzissten – schleichen durch den Hintereingang, um sich mit der Zeit immer mehr auszubreiten in deinem Leben.

Ich finde Vorbilder wichtig, sehe aber keinen Grund, das selbstständige Denken aufzugeben. Niemand braucht stumpfer Nachahmern werden.

Eine kleine Anekdote. Meine dreizehnjährige Tochter war, seit ihrem elften Lebensjahr, Bewunderin einer bestimmten Pferdeexpertin. Sie ist ihr auf Instagram gefolgt, hat jedes Buch, jeden Artikel und Blogbeitrag von ihr gelesen, studiert und: uneingeschränkt für gut befunden. Natürlich wollte sie auch so werden, wenn sie groß ist. Kürzlich unterhielten wir uns. Sie sagte: „Was die Expertin da erzählt, sehe ich nicht mehr in allen Punkten so, wie sie. Sie bildet sich leider ein, dass sie die Einzige ist, die Ahnung hat und manche Sachen stimmen einfach nicht. Wer sich mit Pferden beschäftigt, muss doch sehen, dass manche Sachen einfach nicht stimmen." Wow!

Wenn sich meine Tochter diesen kritischen Blick beibehält, auch auf anderen Ebenen, mache ich mir nicht mehr ganz so viele Vatersorgen. Selbst Erwachsene hört man mitunter sagen: „Nein, wenn XY das sagt, stimmt das", „Wenn das in der Zeitung steht, ist das schon so", „Ich lasse auf den oder die nichts kommen, die wissen wovon sie reden, egal was andere sagen".

Wer Vorbilder zu Gurus erhebt, hat nicht einmal eine reale Chance sich zu entfalten. Dieser Mensch lebt in dessen Kokon und seine Aufgabe ist einzig, diesen zu ernähren. Das klappt in Zeiten von Social

Media auch aus der Entfernung.

Konfiguriere Gaben, Werte, Ziele, Träume und deine Persönlichkeit nicht so, dass sie einem Guru gefallen und ihn ehren. Lass dich viel mehr von guten Beispielen inspirieren.

Wer ist dir ein echtes Vorbild, den du wertschätzt und was wirst du von ihm oder ihr lernen?

4. Annahme: Deine Startbedingung entscheidet

Niemand von uns betritt diese Welt unter denselben Voraussetzungen und gleichen Startbedingungen. Vielleicht bist du davon überzeugt, dir das Leben nicht ausgesucht zu haben. Oder du denkst, deine Seele hat dieses Erdenleben bewusst gewählt. Ob eine Person ihren Start als schlechter, ungünstiger, ungerechter oder nicht förderlich wahrnimmt, ist unerheblich, solange sie dadurch in der Opferrolle bleibt. „Meine Startbedingungen war so schlecht, deshalb ...". Damit fangen viele Erklärungen an. Die einen sprechen ihn so weiter: „... kann ich einfach nicht erfolgreich sein". Die anderen so: „musste ich ein paar Steine mehr aus dem Weg räumen, bevor ich erfolgreich wurde."

Stell dir mal einen Hürdenlauf vor. Sportliche und weniger trainierte Menschen warten hochkonzentriert auf das Startsignal. Der Schuss fällt und sie rennen los. Manche zumindest. Einige verharren in der Startposition und flüstern unaufhörlich: „Das hat eh keinen Sinn, die anderen sind schneller und besser als ich". Andere nehmen Position vor der erst besten Kamera ein, um weinerlich in die Linse zu sprechen: „Haben sie das gesehen, ich bin doch viel dicker als die. Das ist doch ungerecht." Vom Auto aus wird ein Läufer gefragt, welches Ziel er hat. Seine Antwort: „Äh, keine Ahnung ich bin nur der Mitläufer. Mal sehen wo es hingeht." Die ersten Hürden sind umgeworfen, vor ihnen Verzweifelte, die erschüttert ihre Wunden betüddeln. Einer, der beim Start gestürzt war, humpelt die Strecke, so schnell ihm möglich. Die Hürden, die er mit seinem Handicap nicht zu überwinden in der Lage ist, klemmt er sich unter den Arm und rennt weiter. Ausgerechnet jener mit den fürchterlichsten Startbedingungen, weil er festgehalten und zu Boden gerissen wurde, kämpfte sich frei und donnert jetzt wie ein Bulldozer durch die Hindernisse. Sein Mantra: „Niemand wird mich je wieder herunterziehen und an meinem Lauf hindern."

Es ist wichtig, dass wir begreifen, nein verinnerlichen, dass wir das Ruder selbst in die Hand nehmen können. Wenn ich das sage, ist das für mich kein Kalenderspruch, sondern Erfahrung.

Meine Startbedingungen waren hart und ich hatte ein paar Steine mehr aus dem Weg zu räumen als andere. Hinfallen und aufstehen. Das nervt und zerrt an den Kräften. Hätte ich aufgegeben, wäre mir von manchen Leuten Verständnis entgegengebracht worden, denn ich hatte ja eine schwere Kindheit. Das hätte mich angewidert. Irgendwann begriff ich, es ist völlig egal, von wo aus ich gestartet bin. Es zählt, wo ich hin will. Außerdem gibt es nicht nur diesen einen Weg zu einem Ziel. Wenn du und ich zu einem genialen Seminar nach München wollen, ist es wurscht, ob ich von Hamburg aus starte und du aus NRW. Jetzt stell dir vor, ich würde das Heulen anfangen, weil ich ein paar Kilometer mehr zu überwinden habe oder schlimmer, ich würde aus Trotz auf das Event verzichten, wegen der ungerechten Startbedingungen. Lass uns weiter spinnen. Mal angenommen, es heißt, der erste Besucher erhält einen Gutschein für ein Folgeseminar. Wir starten zeitgleich. Dein Auto hat eine Panne, was dazu führt, dass du später eintriffst, als ich. In München regst du dich auf, wie unverschämt und unfair diese Welt ist, denn schließlich warst du immer schon viel näher dran.

Der Glaube über die Startbedingungen im Leben ist auch nichts anderes als konstruierte Kausalitäten. Ob wir sie uns selbst zurechtgeschustert oder übernommen haben, – sie schweben wir unsichtbare Gurus über unserem Leben. Sie erinnern uns immer wieder daran, wo wir herkommen, was wir wert sind und wie viel uns zusteht, vom großen Kuchen. Wir pflegen diese verborgenen Fremdbestimmer. Bewusst oder unbewusst. Dazu blenden wir alles aus, was diese Kausalität widerlegt, und konzentrieren uns auf das, was sie bestätigt. Obendrein wenden wir uns gerne an die heimlichen Helfer und treuen Diener dieser Gurus. Das sind jene, die sagen: „So einer wie du ...", „Na ja, wenn man mal deinen Lebenslauf so sieht, wundert es ja nicht, wenn ...", „Man sieht es ja schon, wie du dich kleidest,...",„Eigentlich ist das hier ´ne Nummer zu groß für dich", „Da will wohl jemand in einer Liga mitspielen, in die er nicht hingehört". Wie gesagt, wir wenden uns selbst an sie.

Denke bitte über das, was ich jetzt sage nach: Die Menschen, die dich niedrig halten, kaputtmachen und zerstören, sind exakt dieselben, die hochnäsig ausposaunen: „Aus dir wird eh nichts. Du bist eine Null. Solche wie du, schaffen es nicht." Das sind unreflektierte Diener und Handlanger deiner eigenen Kausalität, deiner konstruierten Dämonen.

Stell dir mal vor, ein Kleinkind lernt Laufen und die Eltern drücken es jedes Mal wieder auf den Boden, nur um dann zu sagen: „Oh Gott, was ein dummes Kind, das lernt nie laufen." Als Achtzigjährige wird das Kind gefragt, warum es im Rollstuhl sitzt. Die Antwort: „Ich habe nie laufen gelernt. Meine Startbedingungen waren katastrophal. Meine Eltern haben mich auch immer runtergezogen. Wenn man aus so einer Familie kommt, dann ..." Jetzt, mit achtzig, sind die Beine verkümmert. So, wie unsere Talente, die wir nicht nutzen. Das Kind hätte sicher härter trainieren müssen, als andere, damit es die Beine benutzen kann. Aber es war alles vorhanden, was es zum Laufen brauchte. Es fehlte lediglich

Übung, der Glaube an sich selbst und die Willenskraft.

An welchen Stellen lässt du dich, immer noch, auf den Boden drücken? Wann schiebst du deine Herkunft wie eine Entschuldigung vor dir her, weil du es leid bist zu kämpfen? Was motiviert dich, diesen Kampf wieder aufzunehmen, damit du zurück auf deine Spur kommst?

Eine kleine, inspirierende Geschichte, die ich mal vor langer Zeit gelesen habe. Ich erinnere mich nicht mehr an die Urheber der Story, deshalb ist es mir nicht möglich, sie zu nennen.

Sie erzählt von zwei Brüdern. Der Ältere von beiden, schlampig gekleidet, meistens dreckig und stinkt fürchterlich nach Alkohol. Er hat in seinem Leben ein paar Ausbildungen gestartet und immer wieder abgebrochen. Inzwischen arbeitet er gar nicht mehr, sondern lebt nur von einem Tag zum anderen. Er wurde gefragt, wieso er sein Leben so dermaßen verschwendet. Er antwortete: „Sie müssen das verstehen, meine Startbedingungen waren katastrophal. Und meine Eltern, na ja, beide Alkoholiker. War doch klar, was dann aus mir werden musste." Der Jüngere hat die Schule bis zum Abitur durchgezogen, studiert und sich ein erfolgreiches Unternehmen aufgebaut. Selbst die Stürme des Lebens vermochten ihn nicht in die Knie zu zwingen. Wie er es geschafft hat, so siegreich zu sein, wurde er gefragt. Er gab zur Antwort: „Sie müssen das verstehen, meine Startbedingungen waren katastrophal. Und meine Eltern, na ja, beide Alkoholiker. War doch klar, was dann aus mir werden musste."

Ansichten, Perspektiven, Blickwinkel, Glaubenssätze. Die Wörter, die es beschreiben, sind fast egal. Hauptsache wir begreifen, Gedanken beeinflussen uns positiv oder negativ. Sie schweben wie eine abstrakte Gottheit über uns. Du siehst, die innere Kraft ist keine Zauberei, sondern manchmal schlicht neue Gedanken.

5. Annahme: Ohne Geld bist du nichts

Stimmt. Ohne Geld ist es nicht möglich etwas zu kaufen. Ich brauche deine Kartoffeln und du bekommst Bares von mir.

Stimmt so auch nicht. Ein Tauschgeschäft ist ebenfalls machbar. Ich benötige Kartoffeln, dafür erhältst du ein paar Möhren. Solange beide Seiten mit dem Tausch einverstanden sind, steht dem nichts im Wege. Was ist, wenn das Gegenüber keine Karotten braucht? Für diesen Fall wurde ein allgemeingültiges Tauschmittel erfunden. Damit war es möglich, etwas zu erwerben, was wirklich gebraucht wurde, Brot zum Beispiel. Dieses Tauschmittel waren früher Steine oder Muscheln. Im Laufe der Zeit einigten sich die Menschen auf das Geld. Aus dem

Wort Tauschmittel wurde der Begriff Zahlungsmittel. Dennoch ist Kaufen nichts anderes als Tauschen.

Es wird gesagt, Geld ist wichtig, denn ohne können wir keine Miete zahlen. Aber doch nur, weil der Vermieter nicht so viele Möhren braucht und selbst ein allgemeines Tauschmittel bevorzugt. Karotten verschimmeln zudem schneller und sind dann wertlos. Werteverlust.

Bestünde die Währung heute immer noch aus Muscheln oder meinetwegen aus verzierten Bockwürstchen, hätten diese Gegenstände den gleichen Wert wie Geld. In unseren Köpfen. Es ist wichtig, sich bewusst zu werden, dass aus dem Wort Tauschmittel der Begriff Zahlungsmittel wurde. Das führte dazu, dass die Menschen allmählich überzeugt waren, keinen Einfluss zu haben. Wenn ich dir sage, ich habe hier einen Sessel, den ich nicht mehr brauche, hast du etwas zum Tauschen, würdest du innerlich deine Wohnung abscannen und schauen, was du im Gegenzug zu bieten hast. Vorausgesetzt du bist interessiert an meinem Angebot. Bei Geld hört dieses (kreative) Denken auf. Daher hat es eine Guru-Position eingenommen und löst bei manchen Leuten Verhaltensweisen aus, die ein Guru eben auslöst, – Bewunderung, scheinbare Ruhe und unkontrolliertes Verhalten, sobald dieser anwesend ist; Angst Nervosität und Hilflosigkeit, wenn er abwesend ist.

Brich es simpel herunter: Du gehst arbeiten und erhältst dafür Brot, Gemüse und Karotten. Deinem

Vermieter gibst du einen Teil von diesen Lebens-
mitteln ab. Jetzt sagt er, tut mir leid, ich benötige
keine Möhren, bitte gib mir etwas anderes. Panik?
Nein, wieso? Denn dir fällt ein, dass du noch zwei
Gläser Marmelade hast. Deal.

Verändertes Szenario. Du stehst mit der Ware vor
deinem Vermieter, er winkt ab mit den Worten: „Alles
völlig uninteressant für mich." Jetzt bricht eine Welt
in dir zusammen. „Ich bin pleite, runiert", sind die
Gedanken, „Ich muss Schulden machen." Dann bring
doch deine Ware zu jemandem, der sie braucht und
der gleichzeitig etwas hat, was der Vermieter bedarf. Tauschen in mehreren Etappen. Das ist Arbeiten und Miete zahlen übrigens auch.

Mal angenommen du gehst mit deinem Lieblingsmenschen an den Strand Muscheln sammeln.
Nach einer Stunde hast du einhundert und die andere Person zweihundert gesammelt. Wer von euch
beiden ist mehr wert? Niemand natürlich. Bei Geld
hingegen wird so empfunden. Menschen definieren
sich darüber.

Geld ist weder schlecht noch gut. Es ist. Mehr
nicht. Wenn das, was du hast, nicht gebraucht wird,
tausche oder verkaufe etwas anderes. Bleib nicht,
voller Selbstmitleid, auf deinen Karotten sitzen, um
dir einzureden, dass es keine Alternativen gibt.

Selbstständige, die sich über Geld definieren, haben oft Schwierigkeiten, ihre Dienstleistungen auf
den Markt zu bringen. Bei ihnen läuft der Glaubens-

satz mit: „So viel bin ich nicht wert." Der Wert besteht nicht darin, dass du eine bestimmte Anzahl Karotten hast, sondern, dass dein Gegenüber satt wird.

Der innere Gott, den wir erschaffen haben und mit unseren Gedanken und Emotionen füttern, übernimmt Regie. Er gibt uns einen Wert. Verabschiede dich davon.

Welchen inneren Guru hast du dir konstruiert, was das Thema Geld angeht? Wer, außer dir, hält ihn am Leben mit Ansichten, Meinungen, Erfahrungen und angeblichen ,Das-ist-eben-so-Regeln'?

6. Annahme: Du bist deine Werte

Wer entgegen seiner Werte handelt, gerät möglicherweise in einen inneren Konflikt. Ruf dir mal eine Situation ins Gedächtnis, in der du gegen deine Werte und Prinzipien gehandelt hast. Beobachte aus der Erinnerung heraus, wie du dich in dem Moment oder anschließend gefühlt hast. Für viele ist es ein unbehagliches Gefühl, manche beschreiben es als schlechtes Gewissen. Wenn wir das herunterbrechen, unsentimental, stellen wir fest, dass das Bestrafungssystem in uns reagiert. Wir haben ein Belohungs- und Bestrafungssystem. Es sind Hormone. Dopamin und Serotonin, oberflächlich Glückshormone genannt, werden ausgeschüttet bei Belohnung. Fehlen sie, empfinden wir Stress. In Kombination mit Adrenalin entwickeln sich sogar Angst-Symptome. Menschen, die laut Kirche gesündigt haben, – Kinder, die angeblich ungehorsam waren, spüren die Auswirkungen dieser Hormone. Sie sind unruhig und voller Angst. Keiner von ihnen würde sich in dem Moment beruhigen mit den Worten: „Ach, ok, sind nur meine Hormone." Das liegt daran, dass diese Emotionen mit Bildern, Erfahrungen, Konsequenzen und Erwartungen gekoppelt sind. Anders ausgedrückt mit ‚Wenn-Dann-Gedanken'. „Papa oder Mama schimpfen, schlimmer noch hauen, wenn ...", ‚„Du kommst in die Hölle, wenn ...', „Wenn du schlechte Noten hast, dann ...". Dadurch werden Menschen erzogen ihr Verhalten in richtig oder falsch zu unterteilen. Das innere System ist wie ein Wächter, der die Handlungen kontrolliert und be-wert-et. Passt es zu den geforderten Mustern, ist die Welt in Ordnung. Falls nicht, wird es eingenordet. Teilweise reicht es nicht, etwas zu lassen, um zurückzufinden, ins „richtige" Verhalten. Es muss eine Ersatzhandlung her. Sie wird auch gerne Strafe oder Buße genannt. Unsere Erziehung lässt und tatsächlich glauben – bzw. spüren – dass danach wieder alles in Ordnung ist.

Jedes System bewahrt und pflegt seine eigenen Werte, die durch Einreden, Strafen und Sanktionen an die Mitglieder des Systems weitergegeben werden. Damit das Zusammenleben einer Gruppe funktioniert, ist das durchaus zielführend.

Werte über Bord zu werfen oder neu zu definieren, ist ein Prozess, der vielen Menschen schwerfällt. Die damit verbundenen Emotionen sind mittlerweile so intensiv, dass sie Teil der Identität geworden sind. Wenn wir sagen: „Wichtige Werte für mich sind ...", reden wir nicht einfach über etwas, sondern öffnen unsere Persönlichkeit. Manchmal machen wir uns damit verletzlich. Nehmen wir an, einem Menschen ist Loyalität äußerst wichtig. Jetzt verhält sich jemand ihm gegenüber unloyal. Dann ist und reagiert der Betroffene wahrscheinlich verletzt. Seltener ist es so, dass wir nüchtern feststellen, ok, der andere legt keinen Wert auf Loyalität. Wir nehmen es persönlich.

Möglicherweise klingt dir das zu fantasielos, wenn ich sage, ein Wert ist eine konstruierte Kausalität, die mit Hormonen und Emotionen verknüpft ist und dadurch am Leben erhalten wird.

Als Menschen haben wir Mechanismen, die uns das Überleben sichern. Instinkte. Einer davon ist, zu wissen, dass die Überlebenschancen in einer Gruppe wesentlich höher sind. Zu einer Zeit, in der wir in den untereren Reihen der Nahrungskette standen, waren wir erst recht darauf angewiesen.

Wären wir in einer fremden Familie oder gar Kultur aufgewachsen, hätten wir ein anders Wertesystem und damit eine andere Persönlichkeit.

So, wie wir Glaubenssätze und Einstellungen hinterfragen, erneuern und angleichen können, sind auch Werte dynamisch. Es sei denn, das innere System ist nicht nur Wächter, sondern zu einer unantastbaren Gottheit mutiert.

Es gibt eine Geschichte. Sie erzählt von dem Elefanten und einem dünnen Seil. Sie beginnt mit einer Frage: „Wie kann es sein, dass ein so großes und starkes Tier, mit einem leichten Seil, daran gehindert wird, wegzulaufen?" Es reißt Bäume aus, schmeißt Autos um und bewegt tonnenschwere Lasten. Die Antwort ist erschreckend simpel. Als Baby wurde dieser Koloss an eine Kette gefesselt. Die war so schwer, dass es ihm unmöglich war, diese zu zerreißen und zu flüchten. Tag um Tag, Stunde um Stunde wird das Elefantenbaby versucht haben, von der Kette loszukommen. Eins um andere Mal hat es gelernt, das es aussichtslos ist. In vielen Schritten wurde sein Wille gebrochen. Angelernte Schwachheit. Sie hat dazu geführt, dass er später, bei kleinstem Widerstand, sofort aufgegeben hat. Diese Schwäche wurde zum Teil seiner Identität. So zumindest seine innere Überzeugung. Jeder von uns würde ihm am liebsten zurufen: „Geh einfach weiter, so ein Seilchen kann dich niemals aufhalten. Du bist tausendmal stärker als du denkst."

Es gibt Menschen, denen schreit man im Stillen zu: „Du musst doch nicht um jeden Preis treu und loyal sein, nicht, wenn es auf deine Kosten geht." „Höflich und verschwiegen sein, aber doch nicht, wenn du manipuliert und missbrauchst wirst." Wie Marionetten hängen manche Menschen in den Seilen.

Welche Werte fesseln oder bereichern dich?

Zur Frage im Hinterkopf: „Waren es deine oder übernommene Annahmen?" Welche Konsequenzen ziehst du daraus, – lässt du sie fallen, verteidigst du sie?

Ein kleines Zusatz-Experiemnt

Wenn du offen bist für ein Experiment, betrachte die Mindmap einmal mit den Augen deiner Werte. Spiegeln Wohnung, Kleidung, Bücher, etc. deine Ideale oder laufen sie ihnen zuwider. Widersprechen sie bewusst, wie eine kleine Rebellion oder unbewusst, weil deine Seele das anders sieht?

Richtest du dich nach deinen Werten oder fügst du dich ihnen?

WISSEN IST MACHT

Es heißt, Wissen sei Macht. Das stimmt so nicht, denke ich. Denn was nützten die besten Kenntnisse, wenn sie nicht genutzt und umgesetzt werden? Stell dir jemanden vor, der die englische Sprache perfekt beherrscht, sie aber nicht anwendet. Nie wieder. Was hätte er von seinem Talent?

Es ist egal, ob es sich um Gaben handelt, Wissen oder neue Erkenntnisse, – werden diese Dinge nicht ins Leben integriert, sind sie bedeutungslos.

Unser Knowhow anzuwenden, die Gaben einzubringen, scheitert oftmals an Gewohnheiten, Ängsten, Unsicherheiten oder an Bequemlichkeit. Glaubst du, wenn wir dem ausgewachsnen Elefanten erklären, es sei für ihn lächerlich, das Seil durchzureißen, ist er in der Lage es auch zu tun?

Ich würde fast wetten, nein. Weil zwischen dem intellektuellen Verstehen und dem Fühlen und Umsetzen Welten liegen. „Ich weiß genau, dass mich diese Beziehung krank macht, aber ich komme einfach aus der Nummer nicht heraus. Ich schaffe es nicht." Klar gibt es Augenblicke, in denen wir Menschen sagen hören: „ ... und in dem Moment habe ich es begriffen und von da an war alles anders. Ich habe noch gedacht, wie konnte ich solange so blöd sein ..." Das ist ein bisschen vergleichbar mit einer Spontanheilung. Plötzlich gesund. Bei anderen dauert der Heilungsprozess länger. Warum ist das so?

Weil es voraussetzt, sich an die eigene Kraft zu erinnern. Selbstheilungskräfte werden aktiviert und brauchen Zeit, um zu wirken. Wir sind oft eher die Schwachen, gebunden an einem dünnen Seil.

Wie wäre deine Antwort auf folgende Frage: „Ist es eine Macht, die im Elefanten wirkt und ihn kraftlos zurücklässt oder ist es Machtlosigkeit?" Beides?

Eine Macht in ihm macht ihn ohnmächtig. Das liest sich verrückt oder?

Ich glaube, jeder von uns hat schon einmal erlebt, wie es ist, machtlos zu sein.

KAPITEL 3

HOLE DIR DEINE MACHT ZURÜCK

Hast du entdeckt, wo du in deinem Leben Macht abgegeben hast und eher fremdbestimmt lebst? Was fühlt sich für dich wie eine unüberwindbare Kette an, obwohl es in Wahrheit nur ein dünnes Seil ist? Woher erhalten wir die Kraft, die notwendig ist, um uns zu befreien? Ich glaube, es ist wie beim Sport, - begreifen und trainieren. Ein guter Sportcoach macht dir nicht einfach eine Übung vor, die du kopierst. Er erklärt dir den Sinn und die Zusammenhänge und zeigt dir, wo sich Fehler verstecken. Dadurch wird dir bewusst, was du tust und dein Training hat eine ganz andere Dynamik.

Durch die Mindmap und viele neue Gedanken hast du bereits ein erweitertes Bewusstsein erlangt. Du schaust aus einer anderen Perspektive auf deine Leben. Wenn dir einige der Erkenntnisse nicht neu sind, ist das kein Grund enttäuscht zu sein, sondern ist ein Spiegel dafür, wie reflektiert du bist. In Momenten, in denen ich reflexartig denke, ja, weiß ich schon, halte ich inne und frage mich: „Weiß ich es nur oder habe ich es auch ins Leben integriert?" Vom Zuschauerplatz aus wissen wir eine Menge und meistens besser. Selbst wenn wir, wie Fremde, auf unsere eigene Arena blicken.

Wieso? Weshalb? Warum? Manchmal stehen wir vor diesen Fragen. Zum Beispiel, wenn wir das Gefühl haben, das Leben gleitet uns aus den Händen. Gerade in diesen kraftlosen Momenten brauchen wir wieder Stärke. Es ist wie beim Training, - begreifen wir die Zusammenhänge, erleben wie eine andere Dynamik. Innere Kraft ist kein Hokuspokus. Sie ist ein Zusammenspiel von verstehen, entscheiden und anwenden.

WEIL JEDER SEIN PÄCKCHEN TRÄGT.

Wer das Meer kennt, den schreckt keine Pfütze.

Das Leben prägt uns. Es gibt Menschen, die viele Stürme durchlebten. Andere hatten Glück und durchquerten eher seichtere Gewässer. So scheint es zumindest. Mein Start ins Leben war nicht einfach. Ich habe wenig ausgelassen von dem, was man als Kind Schreckliches erleben kann. Und das hat mich geprägt und gelähmt. Ich habe gehadert mit meinem Schicksal, in die verlorene Vergangenheit hinein getrauert und bin einer utopischen Gerechtigkeit hinterhergejagt. Oder war es Vergeltung? Manchmal verhalten wir uns so, als könne man Verlust durch Rache ausgleichen. Das klingt dann so: „Der hat mich verlassen, zur Strafe habe ich seine wertvollen Sachen weggeschmissen."

Mein eigenes Leben habe ich früher aufgeteilt in Menschen wie mich und jene, die wohl behütet aufgewachsen sind. Und mit Zweiten bin ich regelmäßig angeeckt. Denn, was wussten die schon vom Leben? Ich war eifersüchtig und neidisch, dass man mir Kindheit und Jugend gestohlen hat. Die Wut darüber hat mich zerfressen. (Hier verstecken sich gleich zwei Annahmen, die über Herkunft und Gerechtigkeit.)

Ich nehme mal eine Abkürzung. Eines Tages lauschte ich durch Zufall einem Gespräch, in der eine Person jammerte, wie sinnlos ihr Leben sei. Sie war dabei so theatralisch, dass es mich anwiderte. Denn nach außen jammern, entsprach mir nicht. Das war übrigens einer meiner Werte, dachte ich zumindest. Aufgewachsen bin ich mit Sprüchen wie: „Gejammert wird nicht" und „Indianerherz kennt keinen Schmerz." Dass ich, wegen dieser angeblichen Werte, nicht in der Lage war, über meine Gefühle zu reden, begriff ich erst später. Das passiert, wenn Werte nicht mehr nur Orientierung und Maßstab sind, sondern zur Identität werden. Besagtes Gespräch hat mich irgendwann innerlich so genervt, dass ich ungefragt meinen Senf dazugab und der Person sagte: „Wenn dein Leben so scheiße ist, dann nimm dir 'nen Strauß Blumen, setz dich auf den Friedhof und warte bis du dran bist. Aber geh anderen nicht auf den Sack damit". Ok, heute würde ich es anders ausdrücken. Ich würde nicht mehr Sack sagen.

Klassische Projektion, oder? Diese und ähnliche

Begegnungen waren zeitgleich meine Lehrmeister. Sie entzündeten etwas in mir. Es ist, wie ich bei Sisyphos schrieb: Manchmal ist es eine plötzliche Erkenntnis, durch die wir unsere Situation neu betrachten. Erleuchtung nennen wir es gerne. Perspektivenwechsel sagen andere.

Mir wurde bewusst, dass ich die Opferrolle verlassen darf, weil meine Vergangenheit hinter mir liegt. Entscheidungen, Gedanken, Handlungen und Wege liegen vor mir. Ich muss nur wählen. Es mag durchaus sein, dass der ein oder andere reflexartig antwortet: Die Erkenntnis ist doch nicht neu. Stimmt. Heute, im Coaching, erinnere ich die Menschen daran, weil es offenbar die wenigsten wissen.

Ich war jedenfalls hochmotiviert und hatte viele Ideen und große Ziele. Wäre da nicht die Kluft zwischen Theorie und Praxis. Gewohnte Denk- und Verhaltensmuster haben eine unglaubliche Energie und Eigendynamik. Glaubenssätze sind ungeheuer machtvoll. Ich, der Elefant an dem dünnen Seil.

Unabhängig von der eigenen Kraft, wirkt auch das Umfeld. Es ist wie ein Strudel, der einen hinunterzieht oder wie ein Motor, der antreibt. Manchmal hat die soziale Umgebung eine solche Sogwirkung, die es unmöglich macht, sie zu verlassen, obwohl es sinnvoll wäre.

Mein Umfeld hatte ich mir entsprechend der eigenen Annahmen ausgesucht. „So einer wie ich, hat mit Leuten wie denen nichts zu tun", hätte die Prämisse lauten können. Daher war es notwendig, dass ich zuerst meine Gedanken änderte, da sie Grundlage jeglicher Handlungen sind. Leider unterlag ich damals dem Irrtum, ich könne meinen Ballast nur Stein um Stein abwerfen und müsse jeden einzelnen Schmerz neu durchleben. Echte Sisyphosarbeit. Heute sehe ich das etwas anders.

Zurück zu dir. Du hast dein Päckchen, deine Hürden, dein Leben. Vielleicht ist es, in der jetzigen Situation, eher ein Schlag ins Gesicht für dich, wenn jemand von innerer Kraft und Freiheit redet. Wo du hinschaust, siehst du Steine. Es fehlt dir an Energie. Möglicherweise macht dich wütend, was ich sage, aber, wenn du deinen Blick nicht von den Steinen abwendest und selbst für Energie sorgst, wird sich nichts ändern. Sisyphos klebte förmlich an seinem Felsbrocken und vermutlich hätte man diesen nur chirurgisch von seiner Hand entfernen können, wäre er – in unserer Fantasie – nicht gegangen. So ist es bei vielen Menschen mit ihren Problemen. Sie scheinen damit verwachsen zu sein. Diese Illusion ist ungeheuer machtvoll.

Die Sogwirkung des sozialen Umfelds ist keine Theorie. Sie bedeutet in der Praxis: Es gibt Leute, die bestehen darauf, dass du dein Päckchen auf dem Rücken behältst. Das sind Menschen, die sich als Helden ihrer eigenen Geschichte profilieren, weil sie dich retten. Jeden Tag aufs Neue. Du bist in deren Leben nur dafür da, ihre Heldengeschichte zu füttern. Klassischer Guru-Effekt, gepaart mit einer

Form der Co-Abhängigkeit. Eine bewusste Entscheidung könnte lauten: „Ich lasse mich nicht mehr benutzen, missbrauchen oder manipulieren, damit dieser Mensch, auf meine Kosten, seine Geschichte weiter spinnen kann."

Aber auch wir schreiben Geschichten. Bewusst oder unbewusst. Storys, in denen andere eine Rolle zugeteilt bekommen, egal ob sie damit einverstanden sind oder nicht, – die Bemitleiderin, die Fürsorgliche, der Arschengel, der Retter, usw. Immer wieder gleichen wir unsere Geschichte und die Figuren ab, um sicherzugehen, dass der Film läuft. Freiheit wirkt somit in zwei Richtungen, wir befreien uns und lassen gleichzeitig zugewiesene Rollen los.

Unser Ballast besteht nicht nur aus unseren Erlebnissen. Wir belasten uns ebenso mit Gedanken und Urteile über andere und erschweren das eigene Lebenstempo dadurch, dass wir uns ständig mit ihnen vergleichen. Dabei entwickeln wir ein Gespür dafür, uns so zu fokussieren, dass wir auf jeden Fall schlecht abschneiden. Für die anderen gilt: besser, schneller, größer, weiter, reicher und mehr. Bei uns sieht es mieser aus.

Die Steine, die unsere Päckchen erschweren, haben auch mit Grenzerfahrungen zu tun. Oft bringt uns das Leben bis ans Limit und manchmal ein Stück darüber hinaus. Ratlos und zweifelnd bohrt sich die Frage in den Kopf, wie das zu bewältigen ist. Es gibt sie, diese Momente, in denen ich überzeugt war, jetzt geht gar nichts mehr. Und dennoch habe ich nicht aufgegeben. Woher diese Reserven kamen? Ich habe keine Standardantwort. Manchmal habe ich himmlische Kräfte vermutet. Ein anderes Mal schien mir das Argument von gelernter Resilienzfähigkeit überzeugender. Ebenso habe ich überlegt, ob wir Menschen von Anfang an mit unterschiedlichen Kräften ausgestattet sind.

Ich kenne Leute, die diese Energie nicht aufgebracht haben. Sie sind unterwegs hängen geblieben, fristen ihr Dasein in der Opferrolle, verleugnen ihr Potential oder wirken schlicht wie leere Hüllen. Leider kenne ich auch jemanden, der unter der Last des Lebens zusammengebrochen ist und es beendet hat.

Über ein solch gravierendes Thema zu reden, heißt auch zu erkennen, ob Päckchen nur mit professioneller Hilfe losgelassen werden können. Es ist ok, sich helfen zu lassen.

Tauschen wir uns über Lebensthemen aus, erreichen wir unweigerlich den Punkt, an dem wir gemeinsam in dieselbe Richtung blicken oder hoffnungslos aneinander vorbei reden. Weltanschauungen sind nicht immer kompatibel. Sie können den Horizont des anderen erweitern, aber genauso gut zu Reibereien führen. Innerhalb eines Teams wirken sie inspirierend oder wie eine unlösbare Bremse. Das gilt auch fürs innere Team. Übernommene Weltbilder, die dem eigenen Naturell widersprechen, versperren uns allzu gerne den Weg. Menschen, die im Konflikt mit sich selbst stehen, hängen fest. Hier spüren wir die ganze Wucht der alten Steine, die uns immer wieder herunterziehen. Wie befreiend, wenn die Person die Kraft aufbringt zu sagen: „Das ist nicht mein Weltbild. Das ist ncht mein Geröll. Ich lasse es liegen." Dazu sind aber nicht alle Menschen in der Lage. Ihnen hilft möglicherweise ein Gedanke: Wären wir mit anderen Startbedingungen, bei anderen Eltern, in einer anderen Kultur und Religion aufgewachsen, hätten wir eine völlig andere Prägung. Die jetzigen Steine würden uns nicht annähernd belasten.

Ballast abgeben bedeutet manchmal, seine Identität loslassen. Sisyphos hat sich mit seinem Fels, dem Berg und der Aufgabe identifiziert. Wir, als Zuschauer, bringen ihn ebenfalls damit in Verbindung und nicht mit Taubenjagd oder dem unnötigen Bau von Iglus. Du selbst identifizierst dich mit deiner Geschichte, dein Umfeld ebenso. Schreib eine neue. Ich sage nicht, ignoriere die Vergangenheit. Bilanz ziehen und Erfahrungen auszuwerten sind wichtig. Die Begleiter Frust und Wut halten dich jedoch gefangen. Es ist ein Unterschied, ob du schreibst. „Mein Leben stand schon immer unter einem schlechten Stern" oder „Mein Leben hat mich stark gemacht".

Beim Blick auf unser Päckchen dürfen wir uns selbst einen freundschaftlichen Seitenhieb verpassen und eingestehen, dass eine schreckliche

Vergangenheit etwas sehr Bequemes hat. Mitleid erzeugen, Aufmerksamkeit bekommen und nicht gefordert werden. Daran kann man sich gewöhnen. Bei manchen hat es sogar Suchtcharakter. Auch hier verstecken sich Götter die verehrt werden wollen, – der Gott des Selbstmitleids zum Beispiel.

Sein Päckchen zu tragen ist eine Entscheidung. Es loszulassen ebenso. Wer gebückt und beladen durchs Leben läuft, bekommt oft Steine obendrauf gelegt. „Ich bin immer nur der Mülleimer für andere", beschweren sie sich. Klar, weil du es sein willst. Mitleid und Selbstmitleid sind fürchterliche Drogen.

Schaue dir das Päckchen auf deinem Rücken genau an. Wenn du, bist jetzt, überzeugt warst, kraftlos zu sein, wie hättest du den Sack voller Steine bis hierher tragen können? Hast du eine Idee, wie du diese Energie anders kanalisierst?

WIE GEHT LOSLASSEN?

Lass dein Päckchen los. Klar, einen echten Rucksack schnallt man ab und legt ihn auf den Boden. Das ist, zum Meditieren zumindest, ein hilfreiches Bild. Was aber ist mit dem Gewicht, das wir auf unserer Seele liegt? Ich weiß nicht, wie viele Selbsthilfebücher und Lebensratgeber ich früher gelesen habe. Etliche. Von verschiedenen Autoren und Autorinnen, mit unterschiedlichen Perspektiven. Keine

Frage, meinen Horizont habe ich dadurch erweitert und einiges an Inspiration mitgenommen. Jedes Buch war mit der Hoffnung verknüpft, endlich eine Lösung zu finden. Am besten eine für alle Probleme. Doch am Ende blieb fast immer ein fader Beigeschmack zurück. Es schmeckte nach Enttäuschung. Nüchtern stieg in mir die Frage auf: „Aha. Und nun?"

Solange ich gedanklich im Buch versunken war, schien die Welt in Ordnung. Blickte ich wieder auf, hatte sich nichts geändert. Wie auch? „Willkommen zurück in der Realität", murmelte es in meinem Kopf. Was suchte ich in diesen Büchern? Im Nachhinein würde ich sagen, einen Zauberstab. Einen Guru, der mich heilt, – einen, der mir sagt, wie es geht, was ich zu tun habe und der mir verspricht, dass mein Leben endlich besser wird. Heute kann ich darüber lachen, aber mit zwanzig Jahren fand ich das weniger witzig. Ich hatte kaum Lebenserfahrungen und Strategien, die durch Krisen helfen.

Ein Buch löst keine Probleme. Es bringt nicht den ersehnten Partner oder die Partnerin, den Job, das Geld. Es verwandelt Schmerz, Frust und Zweifel nicht in Glück und Erfolg. Steht man energielos vor seinem Leben, mit all den Steinen, wird man zur Zielscheibe für Gurus, Heilsversprechen und Menschen, die diese Situation schamlos ausnutzen. Verzweifelt wird beim Universum gewünscht, gezaubert, die Augen verschlossen oder eben die Nase in Bücher gesteckt, – in eine heilere Welt. Manche verlaufen sich darin und finden den Weg zurück nicht mehr. Sie wünschen und zaubern immer noch, ohne zu merken, dass sie damit ihre Macht abgegeben haben.

Andere halten stand und sind wach und genau das ist eine wesentliche Fähigkeit in solchen Momenten: aufmerksam und bei sich bleiben. Es ist ok, manchmal emotional zu straucheln, mal kurz jammern und schimpfen. Dann ist es wichtig, wieder aufzustehen und sich und anderen zu sagen: „Ich habe zwar keine Kraft im Moment, aber ich bin nicht dumm. Es geht hier immer noch um mein Leben."

Wir müssen durch diese Krise. Anders ist Loslassen kaum möglich. Es ist menschlich, wenn wir uns ein Pflaster wünschen, das beim Abreißen nicht ziept. Oder auf jemanden hoffen, der uns die Last, die Arbeit und das Leid abnimmt. Aber genau da liegt ja der Wirkungsbereich selbsternannter Gurus und Retter, die uns in die Rolle des Opfers aufdrücken, damit ihre eigene Geschichte funktioniert.

Mein Statement lautete früher: Manchmal sind Schmerzen bei vollem Bewusstsein besser, als unter Narkose die Kontrolle zu verlieren.

Aus dem Nähkästchen geplaudert, – wenn ich mich als Coach positionieren will, empfehlen Marketingexperten, mit Vokabeln wie: „ganz leicht", „ganz einfach", „sicher" und „garantiert" zu arbeiten. Es werden Überschriften kreiert, die so anfangen: „Wie du ganz leicht ...", „Wie du ohne Schmerzen ..." Oder „Wie du mit Leichtigkeit ...". Ja, ja, wie du garantiert jede Enthauptung überlebst, ohne gleich kopflos zu sein. Auf den Punkt gebracht, soll ich Kundinnen und Kunden mit ihren menschlichen Bedürfnissen ködern. Mit falschen Versprechen. Natürlich ist es mein Ziel, Leichtigkeit ins Leben zu bringen. Deshalb rede ich ja darüber, Ballast abzuwerfen. Aber, wenn du von einem Berggipfel zu einem anderen gelangen willst, verläuft der Weg durchs Tal. Ohne Abkürzung. Fliegen, beamen und zaubern, sind Optionen, die nicht zur Verfügung stehen. Es ist aber nicht erforderlich, diesen Weg mit unnötigem Ballast zu bewältigen. Wir schleppen zu oft überflüssigen Müll mit uns herum.

Als ich vor einigen Jahren von Bochum nach Hamburg gewandert bin, wurde mir das bewusst. Meine erste Lektion war, ich schleppe zu viel mit mir herum. Siegessicher los gestiefelt, rief ich nach ca. siebzig Kilometern einen Freund an, dass er meine überflüssigen Sachen bitte abholt. Fühlte sich erst mal doof an. Der zurückgelassene Ballast hat die Herausforderung selbst nicht erleichtert, aber mich. Der Weg wurde dadurch nicht kürzer, die Hitze nicht weniger und die Schmerzen in den Füßen verschwanden auch nicht. Ich hatte ganz einfach nur keinen unnötigen Ballast. Das hieß: mehr Energie für mich. So geht loslassen.

Werfen wir einen Blick ins Leben. Sich von einem Partner oder einer Partnerin zu trennen, hat mit Trennungsangst und Verlustangst zu tun, selbst, wenn es sich um eine destruktive Beziehung handelt. Die Zeit und Kraft, die in diese Partnerschaft investiert wurde, bekommt man nicht zurück. Die Enttäuschung darüber ist nicht wegzuzaubern. Dennoch gewinnst du an Energie für dich selbst, wenn du diesen Ballast abwirfst.

In Zukunft den Mut aufzubringen, vor anderen zu reden, braucht manchmal mehrere Anläufe und Ermutigungen. Doch die Angst zu versagen und sich zu blamieren, ist eine viel größere Last. Sie zwingt Menschen immer wieder in die Knie.

Ich arbeite teilweise mit dem Slogan: „Weil Erfolg auch einfach geht." Vielleicht erkennst du jetzt, dass dies kein Widerspruch ist zu der Tatsache, dass Krisen ziepen.

Ballast abwerfen wirst du fast von alleine, indem du aufhörst, darüber nachzudenken, was andere Menschen von dir halten. Damit meine ich nicht deine Lieblingsmenschen, die bedeuten uns eben etwas. Aber allen anderen, die sich irgendwo in den äußeren Ringen rum tummeln, - entziehe ihnen die Macht, dir ihre eigenen Steine in den Weg zu legen.

Weitere Gewichte wirst du los, wenn du aufhörst, dich mit anderen zu vergleichen. Darüber brauchen wir nicht tiefsinnig meditieren. Pure Zeitverschwendung. Du bist du. Dann sei du.

Jetzt zu den wirklich schweren Steinen. Sofern ohne therapeutische Hilfe möglich, hadere nicht länger mit deiner Vergangenheit. Nimm diese Steine zur Kenntnis und lege sie ab. Wenn du dafür ein Abschiedsritual brauchst oder eines zum Loslassen, dann setze es um. Manche Stationen und Erfahrungen meines Lebens haben ich beispielsweise aufgeschrieben und im Feuer verbrannt. Ein Ritual, das ich an meine Kinder weitergegeben habe. Es gibt Erinnerungen, die hängen wie Blei im Kopf und erschweren das Gemüt. Sie raus zu schreiben oder zu malen und dann zu verbrennen hilft.

Lege den Ballast ab und halte ihn nicht fest, nur, weil es noch ein emotionales Echo gibt. Wenn du dir in den Finger geschnitten hast, siehst und spürst du die Wunde noch einige Zeit. Dennoch kommt keiner auf die Idee, sich, weil es weh tut, noch einmal in den Finger zu schneiden. Aber das zelebrieren wir mit negativen Erinnerungen. Weil sie schmerzen, halten wir daran fest, nur um sie immer wieder zu erleben. Ja, ich erinnere all die Situationen, in denen mir meine Stiefeltern, völlig unbeherrscht und wie besessen, ins Gesicht schlugen. Aber mich lähmt es nicht mehr. Der Stein taucht auf, ich lasse ihn den Berg hinabrollen und schiebe ihn ganz sicher nicht wieder sinnlos nach oben. Das wäre ja der Gipfel.

Du hast genauso wenig davon, wenn du peinliche Augenblicke deines Lebens in dir wachhältst. Mein erstes Unternehmen habe ich so heftig an die Wand gefahren, dass es nur so knallte. Na und? Das ist über zwanzig Jahre her. Ist das ein Grund zu erstarren? Stell dir vor, ich würde mir jeden Tag diese Erinnerung abrufen und das Echo lebendig halten.

Das blockiert mich. Weiter nichts.

Auch Machtmenschen und Gurus beziehen ihre Macht dadurch, dass sie möglichst lange in deinem Leben nachhallen. Denk mal drüber nach. Und dann lass los.

MUT HEISST NICHT OHNE, SONDERN TROTZ ANGST

Ich unterscheide zwischen Frucht und Angst. Erinnern wir uns dazu an den Löwen und die Antilope. Die Gejagte ergreift beim Angriff des Jägers die Flucht. Die würde sie nicht ergreifen, würde sie sich nicht vor dem Raubtier fürchten. Es wird Adrenalin ausgeschüttet, das Herz schlägt schneller und die Aufmerksamkeit ist bis zum Bersten angespannt. Lassen wir die Geschichte so enden, dass das gejagte Tier die bessere Kondition hat, dem Löwen die Puste ausgeht und er sich erschöpft ins Gras wirft, unweit von einem leckeren Kadaver. Alle sind gerettet. Was geschieht jetzt? Die Antilope atmet langsam wieder durch, das Adrenalin wird herunter gefahren, das Herz kommt zur Ruhe und das Tier beruhigt sich. Für sie ist das Thema durch. Eine Weile später hat sie komplett vergessen, dass sie gejagt wurde, und frisst leckeres Gras.

Jetzt stell dir vor, die Antilope reagiert, wie ein Mensch: „Hilfe, nein, was hätte mir alles passieren können", überlegt sie, „ich muss sofort meine

Schwiegermutter anrufen und ihr alles erzählen." Und diese erwidert: „Oh, mein Gott, das hätte ich dir auch gleich sagen können. Was gehst du auch alleine in die Oase. Jetzt stell dir doch mal vor ...." Und dann werden die verschiedensten Worst-Case-Szenarien durchgespielt, die immer gleich enden. Echo. Der Nachhall des realen Geschehens, gepaart mit Variationen und Phantasiegeschichten.

Im Gegensatz zur Antilope malen wir Menschen uns Erlebnisse immer wieder aus. Sofort werden Emotionen wach, die zu neuen Gedanken führen. Da das Gehirn nicht unterscheidet zwischen Realität und Phantasie, lösen imaginäre Geschehnisse ebenso Angstgefühle aus. Furcht ist somit eine Reaktion in einer real, gefährlichen Situation. Angst ist das Panikgefühl, das aus unseren Hirngespinsten genährt wird. Das ist der Preis des denkenden Gehirns.

Wenn Klientinnen oder Klienten von mir sagen, ich muss einen Vortrag halten, das macht mir Angst, erkläre ich ihnen genau diesen Unterschied. Das ungute Gefühl lässt sich deshalb nicht wegzaubern. Folgende Erkenntnis nimmt aber schon mal den Druck: „Jetzt, in diesem Moment, bin ich nicht in der Vortragssituation, niemand start mich gerade an. Meine starken Emotionen sind gerade unbegründet und entstehen nur in meinem Kopf." Dieses bewusst machen unterstützt uns darin, handlungsfähig zu bleiben. Das funktioniert bei Furcht nicht, denke ich zumindest. In solchen Momenten reagiert das

Kleinhirn mit der Amygdala, das uns drei mögliche Reaktionen lässt: Flucht, Angriff, Totstellen.

Bleiben wir einen Moment beim Vortrag. Ist das eine lebensbedrohliche Situation? Natürlich nicht. Jetzt kommt ein Aber: Es fühlt sich für manche bedrohlich an. Das hängt mit der genetischen Erinnerung zusammen. Steht uns jemand frontal gegenüber, bedeutet das Angriff oder zumindest eine Drohung. Im Gehirn wird sofort Furcht ausgelöst. Das haben wir durch unsere Vorfahren nach und nach abgespeichert. Selbst, wenn sich Menschen im Gespräch gegenüberstehen, geschieht das niemals frontal, sondern immer mit genügen Raum zum Ausweichen. In einem Vortrag aber sitzen uns Leute frontal gegenüber. Das Gehirn schreit: flüchte, schlag zu oder stell dich tot. Das Großhirn sagt, du kannst nicht weg, da musst du jetzt durch. Großhirn gegen Kleinhirn. Ein waschechter Konflikt. Ein innerer Kampf. Da ist für den Vortrag kein Platz mehr im Kopf und kaum Energie im Herzen. Lampenfieber und Blackout sind die Folgen. In meinen Trainings nutze ich daher die Phantasie, mit der wir sonst Angst erzeugen, dafür, gedanklich in die Vortragssituation einzutauchen. Letztlich studieren meine Kundinnen und Kunden die Atmosphäre, Körpersprache der Zuhörer und die eigenen Reaktionsmuster. Außerdem gibt es einige Tricks, wie wir die Situation als Vortragende für uns entschärfen können. Entschärfen, nicht wegzaubern. Auch hier arbeite ich nicht mit falschen Versprechen.

Verlassen wir diesen kleinen Exkurs und konzentrieren uns wieder auf dich. Vielleicht denkst von dir selbst, nicht so mutig zu sein, wie andere. In Wahrheit hast du eine kreative Phantasie und manchmal etwas zu viele Gedanken. Das erzeugt Angst. Du hältst es für Furcht und das nimmt dir die Macht zu handeln. Wie bekommst du diese Macht zurück? Indem du innerlich stop rufst und dein Bewusstsein in Richtung Möglichkeiten und Lösungen lenkst. Klar ist das manchmal schneller gesagt als umgesetzt. Ziept halt.

Es macht null Sinn, wenn dir jemand sagt, habe einfach keine Angst. Wie soll das gehen? Wenig hilfreich ist ebenso der Versuch, deine Emotionen zu bekämpfen. Alles wogegen wir kämpfen wird stärker. Stell dir die letzten Meter von Sisyphos Stein vor. Mit aller Kraft stemmt er sich gegen diesen Brocken, der immer schwerer zu werden scheint. Bis, wieder einmal, das Unvermeidliche passiert. Der oder die Vortragende konzentriert sich so auf das Lampenfieber und versucht, dagegen anzukämpfen, bis es zum Blackout kommt. Der Hürdenläufer ist so auf die Hindernisse fokussiert, dass er im entscheidenden Moment, wie gelähmt, die Beine nicht hochbekommt. Die Mitarbeiterin, die eine Gehaltserhöhung auszuhandeln beabsichtigt, setzt sich innerlich selbst Schach Matt, weil sie ängstlich an den Gegenargumenten klebt.

Schaue mal auf deine eigenen Baustellen und frage dich zuerst: „Furcht oder Angst?" Dann lenke den

Blick, wenigstens versuchsweise, in Richtung neue Lösungen. Das bringt die schrittweise deine Macht zurück.

DU LEBST, WEIL DEINE VORFAHREN STARK WAREN

Erinnerst du dich, was ich zu deinem Päckchen sagte, das du so lange trägst? Das kostet Kraft. Diese Energie hast du immer wieder aufgebracht. Und es gab viele Situationen im Leben, die du schon gemeistert hast. Freiwillig oder unfreiwillig. Manchmal mit Leichtigkeit, ein anderes Mal nur mit größter Mühe. Du hast es geschafft. Ich persönlich glaube, dass diese Kraft, die wir immer wieder aufbringen, nicht alleine auf unserem Mist gewachsen ist. Wenn wir die Geschichte der Menschen betrachten - so wie im Geschichtsunterricht - hören wir von Kriegen, Hungersnöten, Naturkatastrophen und Epidemien. Sofern uns die entfernte Vergangenheit überhaupt berührt, schießen wir schnell raus: „Gut, dass wir früher nicht leben mussten, z.B. im Mittelalter." Bist du dir aber bewusst, dass deine Vorfahren in den fürchterlichen Zeiten auf Erden waren? Sie haben gelebt und überlebt. Zumindest soweit, dass die nachfolgende Generation ins Weltgeschehen kam, gefolgt von der nächsten und übernächsten. Bis du geboren wurdest. Deine Vorfahren haben all die Kriege, Hungersnöte und Katastrophen überlebt. Sie haben dir den Weg geebnet und ermöglicht, ins Leben zu treten. Vielleicht siehst du das völlig anders, ich bin jedoch überzeugt, dass dieser Überlebenswille dich beeinflusst. Er gibt dir Kraft. Bezogen auf unsere Eltern und Großeltern lässt sich der Gedanke nachvollziehen. Bei den Urgroßeltern hört es bei vielen schon auf. All die anderen Ahnen und Urahnen sind nicht wirklich greifbar und scheinen nicht in Verbindung mit uns zu stehen. Würde aber nur einer aus dem Stammbaum gestrichen, gäbe es uns nicht.

Wir erben von den Vorfahren und vererben an unsere Nachkommen. Vor dreihundert und fünfhundert und eintausend Jahren gab es jeweils ein Paar, ohne das wir jetzt nicht existierten. Bei genauerer Betrachtung würden sich vielleicht katastrophale Beziehungsgeschichten oder ungewollte und unfreiwillige Schwangerschaften offenbaren. Das mag sein. Jetzt fokussieren wir uns auf den Überlebenswillen und die Lebenskraft, die sich durch die Generationen gezogen hat und immer stärker wurde. Sie ist ein Teil von dir. Dieses Erbe kannst du nutzen oder verfallen lassen. Möglicherweise waren es ausgerechnet deine Eltern oder Großeltern, die die Erbschaft der Kraft nicht genutzt haben und du hast die Quittung. Dann unterbrich den negativen Fluss. Jetzt bist du dran. Ruh dich nicht darauf aus, was in der Generation vor dir schief gelaufen ist. Ich spreche da übrigens aus Erfahrung.

Du trägst in dir die Kraft deiner Ahnen. Mir gefällt sehr, wie andere Kulturen mit diesem Potential umgehen. Da wird eine Verbindung aufgebaut, ohne sich zu fesseln.

Meditiere über das Thema, wenn es dir entspricht, oder denke zumindest darüber nach. Versuche, diese Energien in dir wachzurufen. Deine eigene Kraft kommt oben drauf, für dich und die nachfolgenden Generationen.

Unsere Vorfahren haben sich durch tosende Lebens-Meere gekämpft. Sie haben den Gezeiten getrotzt. Auch du hast sicher stürmische Zeiten hinter dir oder steckst mittendrin. Was bist du bereit zu geben, wie sehr kämpfst du?

Denke mal ein paar Generationen in die Zukunft. Stell' dir vor, deine Urenkel sprechen von dir. Welche Geschichten sollen sie über dich erzählen? Was hörst du sie schildern, wie ihre Uroma oder Uropa das Lebensschiff gelenkt hat?

Wir haben die Macht, den Lebensweg unserer Nachkommen zu beeinflussen, beginnend mit den eigenen Kindern.

Gehen keine Nachfahren aus uns hervor, wirken wir auf jeden Fall auf das kollektive Bewusstsein.

Die Kraft der Vorfahren ist Teil deiner Identität. Damit stehe ich vor dem nächsten Gedanken: Was antwortest du, wenn dich jemand fragt, wer du bist?

Kapitel 4:

Was ist Persönlichkeit?

Ich bin

Ich gehe mal ‚pragmatisch esoterisch' ins nächste Thema. Vielleicht sind wir sogar einer Meinung: Ich bin. Du bist. Er, sie, es ist. Tja, was denn? Wir beginnen einen Satz mit: „Ich bin", um anschließend unseren Namen zu nennen. Sind wir dieser Name oder heißen wir so? Es wird sich auch gerne vorgestellt mit: „Ich bin Schmied." Sind wir der Beruf oder üben wir ihn aus? Unsere Emotionen binden wir ebenfalls an diesen Satzanfang. „Ich bin traurig, gut drauf oder sauer." Sind wir diese Gefühle oder empfinden wir so?

Du ahnst sicher, worauf ich hinaus will. Es stellt sich die Frage, womit wir uns identifizieren? Meine Antwort: „Ich glaube wir identifizieren uns zu schnell mit Beschreibungen."

Daher fällt es schwer, herauszufinden, wer wir wirklich sind. Es bleibt die ständig bohrende Frage: Wer bin ich? Wofür lebe ich? Jeder von uns merkt, dass Namen, Berufe oder andere Bezeichnungen keine Antwort liefern. Zu oberflächlich, für ein existentielles Anliegen.

Als Gott gefragt wurde, wer er sei - so steht es in der Bibel - antwortete er: Ich bin, der ich bin. Wenn wir jemanden fragen, wer bist du und bekämen eine solche Antwort, wären wir ratlos. „Ich bin" besteht aus zwei Wortteilen. „Ich" meint all das, womit wir uns vermeintlich identifizieren. Manchmal sprechen wir vorschnell von Persönlichkeit. Das „Bin", beschreibt – für mich – den wahren Kern oder die Seele. Nicht alle können mit dem Begriff Seele etwas anfangen. Damit wir uns nicht verrennen biete ich folgende Definition an: Bin, ist das Potential in uns, der Kern all unserer Begabungen, Gedanken, Emotionen, Bedürfnisse, Sehnsüchte und schöpferischen Möglichkeiten.

Das Ich ist der Teil, den wir nach außen zeigen, die Public Persona. Sie erwächst aus unserem Inneren und scheint mir eine Variation von vielen zu sein. Andere Umstände und Entscheidungen hätten eine neue Version hervorgebracht. Das erahnen wir. Das führt zu solchen Fragen: „Bin ich das wirklich?" , „Ist das schon alles?" „Wieso habe ich das Gefühl nicht komplett zu sein?" Genau hier liegt ein Trugschluss vor oder besser eine Ungenauigkeit. Warum sage ich das? Weil sich das „Ich" auch anders entwickeln kann. Sofern die Public Persona unserer Seele erwächst, sind wir glücklich und zufrieden, da sie unserem Naturell entspricht. Ist diese Public Persona aber eine Konstruktion aus aufgesetzten, nachgeahmten, erwarteten und vorgeschriebenen Anteilen, die nicht aus unserem Inneren kommen, landen wir in einer Persönlichkeitskrise. Zurecht, aber kein Grund, die beiden Ebenen zu vermischen. Als unvollständig nimmt sich niemand wahr, der aus der Seele heraus lebt, sondern der seine Persönlichkeit aus dem ‚aufgesetzten Ich' definiert.

Wenn ich mit Menschen in Coaching-Prozesse eintauche, erlebe ich immer wieder, dass erst mal Ballast abgeworfen werden muss. Wir sagen so schnell: Das bin typisch ich. Berufsbezeichnungen, Werte, Ideen, Meinungen und Ansichten. Das sind alles Versuche, ein Ich zu konstruieren und sich selbst in dieser Welt zu verstehen. Wenn das im Prozess abgeblättert ist, bleibt am Ende ein Kern übrig. Das ‚Bin'. Das Senfkorn. Von da aus gestalten Menschen ihr Leben und wachsen zu einer erstaunlichen Persönlichkeit. Nicht mehr der Beruf der Krankenschwester oder des Pflegers ist diese Persönlichkeit, sondern die Seele, die gerne hilft und in Heilungsprozessen begleitet. Sie könnte ebenso Psychologe werden. Der Prozess meint nicht, alles über Bord zu werfen, was einen ausmacht. Er meint vielmehr genau hinzusehen, – das Warum zu entdecken oder auch das Need, wie es Susan Batson in Ihrem Buch „Truth" beschreibt. Jemand, der den Pflegeberuf nur wählt, weil es Familientradition ist (aufgesetzt), erlebt sich in einem offenen oder verdrängten, inneren Konflikt. Das ‚Bin' ruft seit langem: „Ich bin doch eigentlich Geigenbauer". Der Ruf wird leiser mit der Zeit. Der Schmerz dafür umso lauter.

Die befreite Seele ist für jeden von uns eine kleine Heldenreise und hat noch ganz andere Auswirkungen im Leben. Eine Partnerin, die sich nicht mehr unterdrücken lässt, holt plötzlich Kräfte aus ihrem Inneren hervor, die natürlich in der äußeren Persönlichkeit Gestalt annehmen. Es ist, als sagt die Seele: „Ich bin nicht in dieser Welt um mich klein halten zu lassen und irgendjemandem als Beistelltisch zu dienen."

Wir wirken anders, wenn neue Anteile aus uns hervorbrechen. Eine typische Reaktion von Leuten ist: „Du hast dich verändert, ich kenne dich nicht mehr wieder." Die Partnerin kann frei heraus sagen: „Eigentlich haben wir beide mich nicht gekannt."

Es ist schwer, sich aus unserem Hamsterrad in eine andere Welt oder andere „Variation" von uns zu denken. Die Zwangsjacke der aufgesetzten Persönlichkeit ist fest zugeschnürt. Mittlerweile gibt sie Sicherheit, uns und den anderen. Wir wissen, wer wir sind – scheinbar – das Umfeld ebenso. Wie können wir uns vorstellen, eine völlig neue Version von uns zu werden?

Schauspieler geben uns eine Ahnung davon. Heute spielen sie einen Unternehmer, der zielstrebig seinen erfolgreichen Weg geht, morgen einen mittellosen Musiker, der verzweifelt versucht, Fuß zu fassen. Ein neues Ich. Eine völlig andere Persönlichkeit. Aber, ein Götz George würde diese Rollen füllen wie ein Götz George. Ein Jürgen Vogel würde diese Ich-Darstellungen anders zeigen, mit seiner Interpretation, durch seine Brille, genährt aus seinem Kern und „Bin".

Ein erneuter Blick auf die Mindmap verrät dir, was wirklich mit dir, also deinem inneren Kern, oder mit einer aufgesetzten Persönlichkeit zu tun hat. Füllst du eine bestimmte Rolle, bedienst du ein Klischee? Oder zeigt, wie du wohnst, wie du dich kleidest, was du liest, welchen Beruf du ausübst, wer du bist? Du kannst noch kritischer fragen, weil du es ja mit dir selbst ausmachst: Bist du nur der Vorzeige-Freund, die Vorzeige-Freundin für jemanden oder echt seelenverwandt? Lässt du dich umgekehrt gerne mit Menschen sehen, zu denen dir eigentlich der Bezug fehlt? Was verraten die Bücher in deinem Regal über dich, – Leidenschaft und Interesse oder sollen sie beeindrucken? Wen?

Es gibt einen weiteren Gedanken, den ich zu Sisyphos habe. Wenn er zum wiederholten Male den Stein den Berg hinauf rollt, wird er dafür nicht immer einen neuen Weg wählen. Die Macht der Gewohnheit hat auch ihn im Griff. Als Zuschauer sehen wir die tiefe Furche, die der Stein hinterlassen hat. Genauso intensiv, wie sich der Stein eingegraben hat, gräbt sich unsere Persönlichkeit ein, aufgesetzt oder nicht.

Ich gebe dir ein Beispiel aus meinem Leben. Wie erwähnt, wuchs ich in den ersten Jahren in einem

Kinderheim auf. Es war ein katholisches, von Nonnen geführten Heim, Anfang der Siebziger. Das ist schon eine Ansage. Heimkinder waren damals abgestempelt und stigmatisiert. Immer wieder hörte ich, wie wertlos ich sei. Ungewollt. Das gräbt sich tief in die Seele. Was bedeutet es denn, wenn gesagt wird, so etwas bohrt sich ins Seelenleben? Es ist so simpel wie fatal: Der von außen aufgedrückte Stempel wurde meine Persönlichkeit und Identität. Ich habe zutiefst geglaubt, zu sein, was man über mich sagte, wie man mich behandelte. Aus dieser vermeintlichen Persona heraus habe ich gehandelt. Manchmal als Opfer, nicht imstande mich zu wehren. Ein anderes Mal wie jemand, der nichts mehr zu verlieren hat. Das hat dann schon mal geknallt.

Durch die Schule kam ich mit Schauspiel in Berührung und erhielt die Hauptrolle. Auf der einen Seite war da die Faszination fürs Spielen. Wenn du auf die Bühne gehst, über das leicht knarrende Holz, hinein ins Scheinwerferlicht ... Wahnsinn. Ein unfassbares Gefühl. In dieser Zeit hatte ich eine dieser ‚plötzlichen' Erkenntnisse. Mir wurde klar: Jetzt bin ich jemand ganz anderes. Kostüm, Schminke, Stimme. Verwandlung. Wie in Trance beobachtete ich meine Mitschüler und Mitschülerinnen, wie sie sich verwandelten. Für diese Rolle habe ich alles gegeben und lernte den Text fast nebenbei auswendig, vor lauter Begeisterung. Ich habe mit keinem darüber geredet, mich aber gefragt, ob es dem ein oder anderen auch so ergangen ist. In dieser Zeit entschied ich, die Rolle des Heimkindes abzulegen und hinter mir zu lassen.

Die Sache hatte nur einen Haken, zwei besser gesagt. Ich hatte nicht den blassesten Schimmer, wen ich in Zukunft spiele und es fehlte mir ein Drehbuch für eine neue Rolle. Ich startete mit dem Stück: „Der, der sich nicht mehr anpissen lässt." Es dauerte eine Weile, bis mir aufging, dass ich damit immer noch anderen Macht über mich gab oder zu unrecht schuldig sprach. Nach wie vor war es ja die aufgestempelte Persönlichkeit, die auf die neue Erkenntnis reagierte. Das Ego. Etwas trotzig. Wieder so ein hinderliches Echo. Die Fähigkeit, tief in mich hineinzublicken, um zu schauen, wer das raus will, erlangte ich erst später.

In einem Coaching habe ich einer jungen Frau mal gesagt: „Vielleicht solltest du studieren, obwohl deine Mutter das will." Sie brauchte etwas, das zu begreifen. Es war ihr Herzenswunsch an die Uni zu gehen, aber sie weigerte sich, weil, O-Ton: „Meine Mutter nur damit angeben will, dass ich, als ihre tolle Tochter, studiere". Sie war überzeugt, selbst zu entscheiden, sah aber nicht, dass die Rolle der „Verweigerin" immer noch der Mutter die Macht gab. Das passiert, wenn den Rollen die Seele fehlt.

Unterbrich mal kurz das Lesen, für einen Blick auf die Mindmap. An welchen Stellen siehst und hörst du dein Bin, und wo das Ego? Hängt in deiner Wohnung ausgerechnet diese Lampe, weil Mutter oder

Vater so etwas abstoßend finden? Ich nehme dieses Beispiel, weil eine fünfundvierzigjährige Klientin vor mir, es „immer witzig findet", wenn ihre Eltern sie besuchen und sich über die hässliche Lampe aufregen, die – und das ist kein Scherz – sie selbst nicht ausstehen kann. Wer bestraft hier wen? Ich sagte zu ihr: „Das ist doch dein Zuhause." Ihre Antwort: „Genau, da kann ich machen, was ich will, das ist doch meine Entscheidung." Ist es das?

Wir können schnell unseren Finger ausstrecken, verächtlich mit dem Kopf schütteln, um uns dann den eigenen Baustellen zuzuwenden.

Hast du extra dieses Bett gekauft, das der Partner nie ausstehen konnte, nur um zu zeigen, dass du nach der Trennung dein eigenes Leben hast? Wem?

Die Stationen deines Lebenslaufs bist du gegangen, weil?

Wer bist du?

SPIELE ICH DIE ROLLE ODER SIE MICH?

Nehmen wir an, eine Schauspielerin übernimmt die Figur der Julia. Genau, die aus Romeo und Julia. Die Akteurin nennen wir Katja. Sie überlegt sich, wie sie diese Rolle anlegt, interpretiert, gestaltet und welche Charaktereigenschaften sie hervorhebt. Sie vertieft sich fanatisch in ihre Aufgabe. Nach langen Vorbereitungen und Proben sehen wir auf der Bühne Julia, gespielt von Katja. Mitten in dieser Tragödie passiert etwas Unvorhergesehenes. Durch einen unsichtbaren Zauber wird das Bühnenstück real. Wir als Zuschauer bekommen es nicht mit, sondern sind schlicht ergriffen von der überzeugenden Darbietung. Aber unsere Darstellerin wacht in der norditalienischen Stadt Verona auf. Keine Bühne, kein Publikum. Zunächst findet sie es befremdlich. Doch die fanatische Aneignung ihrer Rolle, hat ihr bereist den Realitätssinn genommen. Sie ist nicht mehr in der Lage zu unterscheiden, ob sie Julia oder Katja ist. Sie fühlt sich wie ein Mensch, in einer waschechten Identitätskrise. Sie wehrt sich anfangs, verliert sich aber mehr und mehr in der Rolle. Das Umfeld, für uns die anderen Schauspieler, drängt sie obendrein in diese Figur. Immer wieder blitzt Katja durch, doch Julia hat längst Oberhand gewonnen. Sie entscheidet und agiert. Von Katja bleibt am Ende nichts mehr übrig. Sie hat sich hingegeben, verloren, abgefunden.

Vielleicht denkst du, so etwas passiert nur in einer schrägen Phantasie? Doch, wie ergeht es einer Frau, die nur über ihre Mutterrolle definiert wird, oder einem Mann, der den Geldverdiener zu geben hat. Im Extremfall geschieht das Leben nur noch aus dieser Perspektive. War sie früher eine begeisterte Sportlerin, ist sie heute eine Mutter, der man vielleicht mal Zeit einräumt, ein wenig zu joggen. Der Geschäftsmann, die Unternehmerin, der Lustige, die Zuhörerin. Rollen. Sie sind manchmal so intensiv und einseitig, dass sie uns vorschreiben, wer wir sind. Alle weiteren „Akteure in unserem Stück" machen weniger ihr eigens Ding. Sie unterstützen unsere Rolle, forcieren sie. Es gibt einen tollen Satz im Schauspiel: Den König spielen die anderen. Was meint das? Stell dir mal vor, eine Figur in Purpur gekleidet, mit Krone auf dem Kopf und Zepter in der Hand, stolziert bedeutungsvoll über die Bühne. Die Umstehenden interessiert es nicht. Sie ignorieren ihn schlicht und sind eingehend mit sich selbst beschäftigt. Welcher Zuschauer würde diesen König ernst nehmen? Er wirkt wie eine bedauernswerte Karikatur. Doch, verbeugen sich die Leute vor ihm, sprechen ihn mit ‚Eurer Majestät' an, ändert sich die Wahrnehmung. Was bedeutet das, übertragen aufs Leben?

Ein Mensch, der raushängen lässt, der Chef zu sein, spielt eine leere Position, wenn sich die Mitarbeiter abwenden und er allein dasteht. Ohne Mitarbeiter, kein Chef. Beide Seiten bedingen sich und stehen in Interaktion. Leider wurden die Menschen früher gezwungen, den König anzuerkennen. Das ist schrecklich, aber Interaktion. Brüllende Vorgesetzte, die die

Existenzängste der Angestellten ausnutzen, gibt es leider ebenso. König und Chef werden jeweils in ihren Positionen bestätigt. Der tyrannische Vater, die herrische Mutter, die narzisstischen Partner, – jeder von ihnen wäre bedeutungslos, wenn andere ihnen nicht zuspielen würden. Auf welcher Seite stehen wir, auf der des Königs oder auf der der Zuspieler? Es gibt auch die positive Variante. Ein toller Chef, bei dem man gerne Mitarbeiter ist. Der Partner, die Partnerin, die dem Gegenüber Raum lässt, wertschätzend zu interagieren. Jede deiner Rollen braucht Menschen, die diese bestätigen und dir zuspielen. Du entscheidest, ob sie sich geehrt oder gezwungen fühlen.

Bisweilen ist es schwer, eine festgefahrene Rolle zu verlassen. Übertreiben wir noch ein wenig. Mal angenommen, in einer romantischen Szene, hätte Romeo Julia seine Liebe gestanden. Fiebrig beobachten wir die beiden und Julia sagt: „Entschuldigung, ich heiße Katja. Katja Schmidt und ich bin Diplom Schauspielerin." Das hätte uns völlig aus der Geschichte gerissen. So ergeht es mitunter Menschen, wenn eine Mutter sagt: „Ja, ich habe vier Kinder, aber ich habe auch noch mein eigenes Leben. Das ist eh viel zu kurz gekommen. In Zukunft werdet ihr mich weniger in Haus und Küche, dafür mehr in meinem Atelier oder meinem eigenen Sportstudio antreffen." In der Realität haben uns Rolle und Mitspieler meistens fest im Griff. „Ok, jetzt hast du ein bisschen fantasiert und nun schieb mal wieder den

Stein den Berg hinauf", heißt es dann. Irgendwann haben auch wir uns hingegeben, verloren, abgefunden. Nur nennen wir es gerne Identität oder Persönlichkeit. Mit einer Lüge lebt es sich leichter und weniger schmerzhaft.

Du erinnerst dich: „Ich bin", dann folgen Name oder Berufsbezeichnung. Die Identifizierung mit der Rolle nimmt schon mal groteske Formen an, wenn geantwortet wird: „Ja, als Pädagogin oder Handwerker oder Professorin macht man das eben so", auf die Frage, warum sie die Spiegeleier von beiden Seiten angebraten haben.

Lass uns den Blick in eine andere Richtung werfen, in der es deutlicher wird. Fällt dir auch auf, dass Schwule und Lesben immer noch über ihre Sexualität definiert werden? Wenn Heteros sexuelle Vorlieben haben, ist das ein Teil ihrer Persönlichkeit und nur eine von vielen Eigenschaften. Schwule sind Schwule. Nichts anderes. „Was macht der Dingens eigentlich beruflich?" „Ach, der ist schwul." „Äh, das war nicht meine Frage". „Oh man, der macht auf Friseur, was Schwule eben so machen". „Ah ja und Leute die auf ´nen Dreier stehen sollten grundsätzlich eine GBR gründen oder wie?"

Um beim Gedanken des Schauspiels zu bleiben, – ich denke, das Leben ist zu kurz, um alle uns möglichen Rollen zu spielen. In uns schlummert Potential für etliche Lebensgeschichten. Leider glaube ich aber auch, dass viele Leute, nicht annähernd, ihr Repertoire für dieses Leben nutzen.

Welche Rollen spielst du, welche beherrschen dich? Deine Mindmap verbirgt auch Hinweise auf solche Fragen. Was ist, wenn dein Kleiderschrank die Kostüme deiner Rollen bewahrt, du in der Wohnung Requisiten lagerst? Wer bist du?

BIST DU TYPISCH?

Deine Lieblingsmenschen sagten sicher schon mal: „Das bist typisch du", stimmt's? In welchen Situationen sagen sie das? Gehe solche mal durch und frage dich: „Beschreiben sie mit typisch mich selbst oder meine Rolle?" Dazu müssten wir wissen, woran die Unterschiede zu erkennen sind. Ich sage es mal so, sobald wir das Gefühl haben, diese Julia konnte nur Katja spielen. Oder, um bei bekannten Schauspielern zu bleiben: Diese Darstellung des Räuber Hotzenplotz ist typisch Armin Rohde.

Es gibt andere, feinere Wörter für typisch: echt und glaubwürdig. Für diese Begriffe scheinen wir so etwas wie eingebaute Antennen zu besitzen. Sobald jemand unecht wirkt, klingelt bei uns der Alarm.

Mir gefällt auch,wahrhaftig'. Susan Batson[1] hat

---

1   TRUTH, WAHRHAFTIGKEIT IM SCHAUSPIEL. EIN LEHRBUCH.

ein ganzes Buch um das Wort herum geschrieben. Wenn ich mit diesem Begriff arbeite, gibt es interessante Reaktionen. Den einen öffnet sich ein neuer Horizont, andere reagieren fast beleidigt, weil sie vermuten, als Lügner hingestellt zu werden. Ich hatte einen Vertriebler im Coaching, der zwar seine Verkaufstechniken beherrschte, aber absolut nicht überzeugte. Ich sagte ihm: „Du wirkst nicht echt, nicht wahrhaftig." Das hat er als persönlichen Angriff bewertet und ist beleidigt abgestiefelt. Ob er nur einen Zauberstab von mir wollte? Die habe ich leider nicht im Angebot.

Typisch, echt und wahrhaftig sind wunderbare Kriterien, mit denen du erfassen kannst, ob du auf deiner Spur bist oder nicht. Lass uns das kurz auseinanderpflücken.

Es gibt drei Möglichkeiten:

1. Du spielst eine Rolle, die dir absolut nicht

entspricht.

2. Du spielst eine Rolle, die zwar deine ist, aber befremdlich wirkt.

3. Du spielst eine Rolle, die dir jeder abkauft.

Zu Punkt 1: Ob du in irgendetwas hineingerutscht bist, jemand dir eine Rolle aufgedrängt hat oder du diese spielst, weil du ein Erbe fortsetzt, – wenn sie nicht deiner Seele entspringt, wirkst du unglaubwürdig.

Zu Punkt 2: Zu dir gehören Rollen wie Vater, Mutter, Selbstständige, Redner, die du selbst gewählt, aber nie vorbereitet hast. Lapidar ist das zu beschreiben mit: „Man benimmt sich halt, wie Mütter und Väter sich so benehmen", „Man redet halt, wie man so redet bei einem Vortrag", „Als Selbstständige gibt man sich eben auf gewisse Weise". Doch wo bleibt deine persönliche Note, deine Interpretation, – also deine Einstellung, deine Werte, usw.

Unter **Punkt 3** findest du jene Momente, in denen dir gesagt wird, ja, das bist unverkennbar du.

Manchmal begegnen wir auch Menschen, die nicht sie selbst sind, sondern typisch andere. Höre folgende Sätze an: „Du bist echt wie deine Mutter, wie dein Vater", „Du ahmst XY nach", „Du malst genau wie van Gogh", „Du redest wie alle anderen in deinem Freundeskreis", „Du sagst eben, was man als Anhänger deiner Religion so sagt", „Das ist halt bei Vertretern deines Berufsstandes so", „Deine Kleidung und dein Auto sind ja auch typisch für Leute, wie dich".

Wieder mit Blick auf die Mindmap, nimm mal bewusst den Platz des neutralen Beobachters ein. Welche Rollen entdeckst du? Sind sie typisch du oder typisch für diese Rolle? Ahmst du nach, – wenn ja, wen?

Echt, glaubwürdig, wahrhaftig und authentisch. Über diesen Anspruch wird viel geredet und wir messen uns und andere daran. Andere vielleicht ein wenig mehr. Egal, wie wir uns in das Thema vertiefen, am Ende ist es doch nur Ansichtssache und vor allem ein Gedankenkonstrukt. Wie schnell diese Konstruktion zusammenbrechen kann, hat mir eine andere Begegnung im Leben gezeigt.

Vor vielen Jahren lernte ich jemanden kennen, der mit Menschen mit multiplen Persönlichkeiten arbeitete. Ich muss gestehen, ich war fasziniert von seinen Erzählungen. Er berichtete von einem Patienten, der, je nachdem, welche Person in ihm hervorbrach auf Nüsse allergisch reagierte oder nicht. Versuche dir das mal vorzustellen. Jemand schiebt sich Nüsse in den Mund und bekommt daraufhin einen furchtbaren Hautausschlag. Wenige Stunden später isst er wieder welche. Wahrscheinlich würden wir eingreifen wollen, aber es passiert nichts. Keine Reaktion. Wir reden hier nicht von Selbstbeherrschung, nach dem Motto, gestern haben wir uns von dem Autofahrer provozieren lassen und heute bleiben wir gelassen. Das ist ein ganz andere Dimension.

Sehr spannend fand ich auch den Film „Split", mit Kevin Wendell Crumb. Er hat diese multiplen Charaktere brillant dargestellt. So verschiedenartige Figuren, welche ist da typisch? Nun, sie hatten alle eine Aufgabe und ein Ziel. Falls du den Film noch nicht kennst, ich mache jetzt kein Spoiler Alarm.

Jeder von uns spielt verschiedene Rollen und lebt, je nach Umfeld, unterschiedliche Public Persona. Aber, wenn wir Sauerkraut abscheulich finden, ist es völlig egal, ob wir als Vater, Mutter, Lehrer oder im Verein unterwegs sind: Wir verabscheuen Sauerkraut. Sind wir allergisch auf Nüsse, trägt jede unserer Rollen dieses Schicksal.

Ich glaube schon, dass ein Mensch mit multiplen Persönlichkeiten faszinierend und erschreckend zugleich auf seine Umgebung wirkt. Aber verbirgt sich darin nicht ein wenig das Geheimnis zwischen „Ich" und „Bin", – in Perfektion? Verschiedene Rollen fein säuberlich von einander getrennt. Wir brauchen dazu das Konzept der Professionalität: „In deiner Arbeitsstelle bist du nicht Vater oder Mutter, sondern die Therapeutin, die Distanz hält", „Wenn du bei deiner Familie bist, mache bitte nicht auf Chef." Die eigentliche Frage für mich ist: Was ist der Kern? Wohin führen uns die Gedanken, wenn wir nach der Seele, dem Bin suchen, - zu einem Ziel, einer Aufgabe, einem Schicksal? Gibt es doch so etwas wie eine Lebensmission oder eine Berufung? Formt sich das Typische nicht aus einer Charaktereigenschaft, sondern eher aus einer Handlung, die dieser Mission zugutekommt? Was meint es dann, wenn wir sagen: „Ich bin im Einklang mit mir?" Meinen wir mit mir das Ich oder das Bin, das in Resonanz mit dieser Berufung steht?

Im Schauspiel gibt es die Lee-Strassberg-Methode, die auf den Lehren Stanislawskis aufbaut. Sie heißt Method Acting. Kurz und oberflächlich erklärt, fordert diese, einen Charakter nicht nur nachzuahmen, sondern zu sein. Mimt ein schlanker Schauspieler einen adipösen Politiker, schnallt er sich, im Normalfall, eine dicke Wampe um. Method Acting aber sagt: Nimm zu, bis du Statur und Gewicht deiner Rolle erreicht hast. Sei dieser Mensch. Auf allen Ebenen.

Wenn der Akteur, der inzwischen so dick ist, wie der Politiker, eine Allergie auf Nüsse hat, wird auch Method Acting daran nichts ändern. Ungeachtet dessen, wie perfekt Schauspieler ihr Handwerkzeugs beherrschen, eine Allergie bleibt eine Allergie. Aber, ist jetzt diese Überempfindlichkeit auf Lebensmittel das Typische oder gibt etwas dahinter?

Method Acting beginnt mit dem Wort eigentlich: „Eigentlich bin ich nicht so dick, wie der Politiker, den ich spiele."

Beherrscht du diese Schauspielmethode auch bereits, ohne es zu wissen? Wie viel Katja ist noch in Julia oder anders gefragt: Wie viel Du ist in deinen Rollen? Bist du schon durch und durch jemand Fremdes? Dann komm zurück.

Für die Leserinnen und Leser, die weiter eintauchen:

Schau mal kurz auf die Mindmap: Ist deine Wohnung eine Kulisse, für die Rollen, die du spielst oder hat das „Bin", die Einrichtung persönlich übernommen? Und die Bücher, Vorbilder, Freunde? Leben deine Rollen für ein gemeinsames Ziel, eine Berufung? Boykottiert einer deiner Rollen die Mission? Bist du typisch?

WERTE SIND WERTVOLL

Jeder von uns lebt sie, orientiert sich an ihnen und nimmt sie zum Maßstab. Einige haben wir übernommen, andere abgelegt und neue hinzugefügt: Werte. Schlechtes Gewissen entsteht, wenn wir diesen Grundsätzen zuwiderhandeln. Sie sind eine Instanz, an der wir uns ausrichten, innerlich oder äußerlich. „Das muss ich mit meinem Gewissen vereinbaren", spielt sich eher in uns selbst ab. „Gott hat gesagt" und „Das gehört sich nicht", greift von außen auf das Wertesystem zu.

Manchmal greifen Menschen in unsere Wertvorstellungen ein, um uns gegen uns selbst auszuspielen. Sie manipulieren. Einen Moment lang glauben wir, das Gegenüber hat Macht über uns, was manche ohnmächtig zurücklässt. Andere durchschauen das Machtspiel und wenden sich gelassen ab.

Das Gewissen ist schwer zu bändigen, vor allem, wenn es sich im Kollektiv mit anderen vernetzt. In zwischenmenschlichen Systemen gibt es sogar für die „innere Stimme" Spielregeln. Die Beteiligten werden eingenordet und regelmäßig synchronisiert. „Bei uns macht man das nicht", ein einfacher Satz mit enormer Durchschlagskraft, wenn er zum richtigen Zeitpunkt rausgehauen wird.

Unser inneres Wertesystem ist ein Schatz, an den sich Machtmenschen liebend gerne zu schaffen machen. Es ist wie die Stromversorgung eines Hauses. Kontrollierst du sie, hast du mit wenig Aufwand den kompletten Bau in deiner Gewalt. Du kennst das: „Der oder die weiß genau, welche Knöpfe bei mir gedrückt werden müssen, damit ..."

Werte können hinderlich sein, – z.B. wenn wir uns aus lauter Pflichtgefühl selbst vergessen oder wenn wir die Eltern so ehren, dass wir nur in ihren, aber nicht in den eigenen Fußstapfen laufen.

Zu übernommen Rollen gehört meist eine Vorauswahl an Werten, die wie eine Beilage mitzunehmen sind. Da sind Diskussionen hinfällig. „Als Elternteil kannst du nicht einfach ...", „In deiner Position entscheidest nicht du, ..."

Auch neue, ungeübte Rollen sind vorkonfiguriert. Mit einer simplen Unterschrift eines Arbeitsvertrages oder der Beitrittserklärung in einen Verein, erklärst du dich mit allen ausgesprochenen und stillen Regeln und Werten einverstanden. Die Frage wird später nicht sein, ob du das wusstest, sondern, warum du dich nicht daran gehalten hast.

Dies alles zeigt, wie wichtig Werte für das Zusammenleben sind, aber auch, welche Stolpersteine sich hier verbergen.

Sich seine Macht zurückzuholen, fordert auch, einen Blick auf unser Wertesystem zu werfen. Welche Werte habe ich selbst gewählt, welche übernommen? Lebe ich in den verschiedenen Lebensrollen unterschiedliche, sich widersprechende Werte? Gibt es Wertvorstellungen, die heute sinnlos sind, weil ich älter bin, in anderen Lebensumständen lebe? Welche meiner Werte sind prädestiniert, dass sich Machtmenschen, Gurus und Götter andocken? Wie schütze ich mich?

Es gibt Werte, die leicht abzulegen sind, wenn wir uns dazu entscheiden und innerlich reif sind. Andere wiederum sind so hartnäckig wie eine Nussallergie. Manche reagieren auch echt allergisch, handelt man gegen ihre Grundsätze.

Ermittle doch einmal deine eigenen Werte, wenn du sie nicht schon kennst. Dafür gibt es gutes Arbeitsmaterial, auch kostenfrei im Internet. Notiere sie in einer Liste und stelle z.B. folgende Fragen:

. Warum habe ich diesen Wert, was nützt er mir?

. Wovor bewahrt er mich?

. Habe ich ihn übernommen, wenn ja, von wem?

. Macht er in meinem Leben (noch) Sinn?

. Ist er in der Hand von Machtmenschen eine

Waffe, die sich gegen mich richtet?

Ich habe herausgefunden, dass ein Wert von mir – jetzt als Vater von zwei Kindern – keinerlei Sinn mehr macht. Diesen nicht abzulegen, wäre gleichbedeutend mit Stillstand.

Damit rutschen wir in den nächsten Gedanken. Manchmal entwickeln sich Menschen nicht weiter und nennen es Tradition. Sie sprechen davon, Werte aufrecht zu erhalten. Eine willkommene Ausrede, um sich nicht auseinanderzusetzen. Bevor es zu Missverständnissen kommt, ich behaupte nicht, Traditionen seien nicht wichtig. Ich sage nur, manchmal machen es sich Menschen ziemlich leicht. Nehmen wir die Aussage: „In unserer Familie gehört es zum guten Ton, dass der Sohn den Beruf des Vaters übernimmt." Spielt der Junior nur eine Rolle oder handelt er aus Überzeugung? Hier verbirgt sich zum Beispiel der Wert Loyalität. Dieser wertschätzt und bewahrt ein eindrucksvolles Erbe oder provoziert einen (unterdrückten) Generationskonflikt.

Welche deiner Werte sind dir wichtig und wertvoll?

VERKEHRTE WELT

Stell dir einmal vor, Julia begibt sich in die Psychoanalyse, um herauszufinden, wer Katja ist. Statt das Katja fragt: „Warum habe ich mir ausgerechnet diese Rolle ausgesucht, was sagt das über mich und mein Leben?", ist es Julia, die nachhakt: „Warum habe ich mir ausgerechnet diese Schauspielerin ausgesucht?" Völlig verdreht und nicht logisch. Aber auch am Leben vorbei?

Eine meiner Rollen ist die des Coaches, eine andere der alleinerziehende Vater. Aus diesen Perspektiven heraus vermag ich durchaus Fragen ans Leben zu stellen. Aber du hast Recht, es bleibt die Schauspielerin, die eine Psychoanalyse aufsucht.

Was ist, wenn Katja in der Rolle festhängt und den Weg nicht mehr zurückfindet? Realitätsverlust. Bei einem Schauspieler und seinem Charakter durchschauen wir das. Wahrscheinlich deshalb, weil es krankhaft wirkt. Das gilt auch für Gamer, die in Computerwelten leben und den Bezug zur Realität verloren haben.

Was ist mit der unscheinbaren Version davon, – wenn Rollen und Bühnen vertauscht werden? Der Chef eines Unternehmens, der auch zuhause den Boss spielt. Der Lehrer und Lehrerin, die ihren Freundeskreis ständig belehren. Der Coach, der ungefragt Menschen seines Umfeldes mit Ratschlägen versorgt. Die „Mitspieler" dieser Bühne reagieren darauf, in dem sie sagen: „Wir sind hier nicht deine Angestellten", „Oh, danke für deine Belehrung" oder

„Wir haben dich nicht um deine Meinung gefragt".

Welche Rollen „spielst" du und bleibst du damit auf der jeweiligen Bühne?

Manchmal führen gescheiterte Rollen, zu gescheiterten Existenzen. Es ist hart genug sich einzugestehen, z.B. als Elternteil, Geschäftsfrau oder Freund versagt zu haben. Selbst Aufgaben, wie Kassenwart oder Projektleitung sind, wenn sie nicht erfüllt wurden, für manche ein Desaster. Vielen Menschen identifizieren sich so sehr mit einer Rolle und Verpflichtung, dass sie sich selbst verlieren. Der Chef, der sein Unternehmen, über das er sich identifizierte, in den Sand setzte. Für ihn bricht eine Welt zusammen. Die Partner, die vor dem Scherbenhaufen ihrer Ehe stehen, haben das Gefühl, die Erde höre auf sich zu drehen. Für andere sind gerade solche Situationen wie ein Weckruf. Plötzlich geht ihnen auf, Mensch, ich bin noch viel mehr als das. Vermutlich habe ich mich in der Rolle, dieser Aufgabe überschätzt oder hatte schlicht falsche Vorstellungen darüber. Das Leben geht weiter.

Eine Anekdote dazu. Als ich vor einigen Jahren eine Flaute in meiner Selbstständigkeit erlebte, nahm ich – um die Finanzen aufzubessern – einen Hilfsarbeiterjob an. In einer Druckerei. Zusätzlich zum Verdienst habe ich eine Menge über die Anfertigung druckfähiger Dateien gelernt. In jedem Fall eine Bereicherung. Ich lernte noch etwas. Mit einem jungen Mann sprach ich in einer Mittagspause über seinen Vater. Er erzählte mir, dass dieser immer depressiver wird, weil er keinen Job findet. Was er von Beruf sei, wollte ich wissen. Seine Antwort: „Schriftsetzer und seit es Computer gibt, werden die ja nicht mehr gebraucht, deshalb findet er nichts." Auf die Frage, wie lange er schon ohne Arbeit ist, erwiderte er, seit zehn Jahren. Zugegeben, ich habe in der Situation mit Unverständnis reagiert. Über eine solch geraume Zeit zu behaupten, man finde nichts, löste in mir Kopfschütteln aus. Im Laufe der folgenden Jahre traf ich in meinen Coachings oft auf Menschen, die in Rollen feststeckten. Schauen wir hinter das Dilemma. Sein Vater IST Schriftsetzer. Da ist es wieder, das „Ich bin", gefolgt von einer Berufsbezeichnung. Hier hat sich ein Mann so mit seiner Rolle identifiziert, dass es ihm den Blick trübte. Er verschloss sich vor der Wahrheit, dass „sein Part nicht mehr gespielt wird". Für die meisten ist der Schriftsetzer ein ausgestorbener Beruf, für ihn eine ausradierte Existenz. Zehn Lebensjahre verstrichen, in der er nicht die Energie aufbrachte, sich am Computer ausbilden zu lassen. Andere seines alten Berufsstandes brachten inzwischen ihr Wissen auf digitaler Ebene ein.

Etliche Bewerbungen als Schriftsetzer in die Welt senden. Jeden Tag die Hoffnung pflegen oder verkrampft daran festhalten, auf eine entsprechende „Gesucht wird-Anzeige" zu stoßen. Immer mit dem gleichen Ergebnis: Der Stein rollt den Berg wieder hinab. „Die Götter haben mich vergessen oder treiben ihr Spiel mit mir." Die letzte Stufe dieses verzweifelten Irrsinns? „Dann warte ich halt, bis mich jemand braucht."

Stell dir vor, wir beobachten Sisyphos, wie er mit aller Kraft versucht, den Felsbrocken endlich über den kritischen Punkt zu bringen. Ergebnislos. Wieder saust der Stein den Berg hinab. Diesmal aber, rennt er nicht wie ein Trottel hinterher, sondern bleibt stehen. Er schaut dem Spektakel kurz nach, dreht sich um und läuft zum Gipfel. Er sagt sich: „Jetzt gehe ich da hoch und schaue mir das Ganze mal von oben an und dann sehe ich endlich, was auf der anderen Seite dieses Berges ist."

Wie ist es bei dir, dachtest du auch schon mal: „Jetzt bin ich erledigt!" oder „Was soll ich denn jetzt noch machen?", weil eine Rolle, Aufgabe, Posten, Job oder eine Beziehung weggebrochen ist? Weißt du, wie es ist, sich festzubeißen und krampfhaft neu zu starten, obwohl es vorbei ist?

Julia sucht die Psychoanalyse auf, um herauszufinden, wer Katja ist. Sie will verstehen, durchschauen. Doch dann hört sie folgende Worte: „Julia, du bist nur hier, weil du Angst hast. Du weißt, du wirst nicht mehr gebraucht. Katja spielt jetzt andere Stücke und Figuren. Du bist nun Teil ihrer Vergangenheit."

Meine Botschaft an dich: Bring deinen inneren Kern und die Rollen, die du innehast ins richtige Verhältnis. So bekommst du ein Stück deiner Macht zurück.

DEINE MACHT IN DEN HÄNDEN ANDE-RER

Bei welchen Entscheidungen, Vorhaben oder Träumen, wartest du insgeheim auf eine Erlaubnis? Wovon bist du überzeugt, dass es dir nicht zusteht, – du etwas nicht tun, erreichen oder besitzen darfst? Wann sagst du Ja, obwohl du Nein meinst? Wie oft zuckst du zusammen, wenn Autoritäten und Obrigkeiten, den warnenden Finger erheben?

Wir haben Schul- und Erziehungssysteme, die aus unseren Kindern eingeschüchterte Ja-Sager formen. Erst wird die kindliche Freude genommen, dann die natürliche Neugierde zerstört und zum Schluss der Wille gebrochen. Konformes Lernen. Angepasste „eigene Meinungen". Am Ende finden sich orientierungslose Menschen in einer Welt wieder, die immer neue Entscheidungen erwartet.

In Geschichten von erfolgreichen Unternehmern, gibt es oft einen Bruch oder auch eine Lücke im Lebenslauf. Schulabbrecher, Konformverweigerer und ehemals schlechte Schüler machen das Rennen auf dem freien Markt. Sie glänzen mit Biss, Innovationen und Flexibilität. Ihr starker, innerer Kern wurde offenbar nicht gebrochen.

Es ist nicht neu, was ich sage. Und klar, ganz so pauschal stimmt es auch nicht. Dennoch: Warum ändert sich nichts, – am Grundprinzip zumindest? Tief eingetaucht in diese Thematik ist Gerald Hüther, den ich empfehle zu lesen und zu hören. Es ist nicht meine Absicht, hier eine Grundsatzdiskussion übers Schulsystem loszutreten. Den Blick abzuwenden ist dennoch nicht sinnvoll, wollen wir die Auswirkungen auf unsere Persönlichkeit verstehen. Wenn Kinder immer wieder nein hören, ihre Experimentierfreude und offene Neugierde permanent unterdrückt wird, stirbt etwas in ihnen. Sie passen sich an und verleugnen ihren inneren Kern, ihre Seele. Sie formen und erzeugen eine Public Persona, die sie im Außen vertritt, nicht aneckt und hinter der sie sich verstecken. Es ist wie bei einem Computerspiel, in der wir einen Avatar von uns kreieren, – angepasst an diese digitale Welt. Später heißt dieses Spiel Social Media.

Des Weiteren lernen die Kinder keine eigene Entscheidung, ohne Erlaubnis, zu treffen. Viele Eltern spielen dieses Spiel mit. Es ist ihnen lieber gut dazustehen. Dafür nehmen sie sogar in Kauf, dass die Seele ihrer eigenen Kinder unterdrückt wird. „Pass dich an" und „Fall nicht auf", sind die pädagogischen Ratschläge, die nichts anders heißen als: „Bring uns bitte nicht in Veruf", „Mache es uns nicht unnötig schwer", „Wir haben Angst, deinetwegen, Außenseiter zu sein."

Viele Menschen, die behaupten, „ihr eigenes Ding zu machen", belügen sich selbst. Sie spielen die immer gleiche Rolle, nur in verschiedenen Variationen, je nach dem in welchem System oder Umfeld sie sich bewegen. Der Name dieser Rolle „Der oder die

Angepasste." Die Schauspieler sind: wir alle. Jeder kennt den Arbeiter, der am Wochenende tönt, seinem Chef mal richtig den Kopf zu waschen, um am Montagmorgen erneut zu katzbuckeln. Oder die Schar schwatzender Eltern, die jetzt aber im Kollektiv an der Schule antanzen, um auf den Tisch zu hauen. Am Ende ist es wieder nur eine Person, die den Kopf hinhält. Hinter vorgehaltener Hand hört man dieselben Eltern sagen: „Das muss sich mal wieder jemand wichtig machen."

Ungerechtigkeiten teilen wir allenfalls auf den Social Media Kanälen, um uns gemeinsam zu entrüsten und einen Schuldigen zu finden. Indes geht diese Ungerechtigkeit ihren Gang. Ein Kind wird misshandelt und die Bevölkerung entrüstet sich. Aber mehr, als diese Info zu teilen, disliken oder kommentieren passiert nicht. Das Kind leidet weiter. Seine Schreie verhallen.

Übertreibe ich? Ja, weil sich immer noch genug Menschen aufraffen, um etwas zu unternehmen. Nein, weil es zu viele nicht tun.

Macht hat mit Verantwortung zu tun. Das ist der Grund, weshalb viele Menschen sie aus der Hand geben. „Da kann man nichts machen", heißt es lapidar. Stehen wir für uns selbst nicht mehr ein, schaffen wir es kaum für andere. Das bedingt sich. Doch Ohnmacht und Wegsehen gravieren sich ins Herz. Um sich nicht schlecht zu fühlen oder fruchtbar doof vorzukommen, suchen sich Menschen gerne

Opfer, die vermeintlich unter ihnen stehen: Eltern-Kinder, Chef-Untergebene, Lehrer-Schüler, etc. So kann die eigene Machtlosigkeit, durch herum kommandieren, Befehle erteilen, Missbrauch, etwas aufgewertet werden. Dann fühlt man sich wieder stark.

Seine Macht abzugeben und den Händen anderer zu überlassen, fordert einen hohen Preis. Wir bekommen sie nicht zurück, indem wir Schwächere unterdrücken.

Die Frage, die du dir stellen könntest, ist Folgende: „Wer hat sich wodurch das Recht erwirkt oder die Frechheit genommen, über dich zu herrschen, zu bestimmen und zu verfügen?" Wie und wo kompensierst du diese Machtlosigkeit?

Es gibt immer Leute, die Macht an sich reißen und jene, die sie bereitwillig abtreten oder sich entreißen lassen.

Hole dir deine Macht zurück!

Kapitel 5

Falle aus der Rolle, bevor du in die Falle rollst

Nach dem Sisyphos den Stein 436.827-mal den Berg hinauf geschoben hat, schüttelt er den Kopf und sagt: „Nein. Schluss. Ich mache nicht mehr mit!" Er war nicht länger bereit, die Rolle die ihm aufgedrückt wurde weiter zu spielen. Jetzt bist du am Zug.

DER INNERE SABOTEUR

Sobald jemand das Hamsterrad verlassen, Veränderungen umsetzen oder Gewohnheiten ablegen will, meldet sich der innere Saboteur. Er ist eine eigene Instanz im Kopf. Er ist mehr eine Kreation, erschaffen aus unserem Gewissen, den Werten und dem Belohnungs- und Bestrafungssystem. Da das Gewissen und die Werte gerne von anderen beeinflusst und mitbestimmt werden, ist dieser innere Saboteur oft der verlängerte Arm von Machtmenschen. Behauptet ein Mensch vehement, dass er es nicht selbst ist, der sich im Weg steht, stimmt das für ihn. Sein Gefühl trügt ihn nicht. Vielleicht meint er, es ist ein Gott, das Schicksal oder ein Fluch, wodurch er gehindert wird. Bleiben wir bei dem Begriff innerer Saboteur. Durch das Buch hast du dein Leben genau angeschaut. Du weißt und durchschaust jetzt, wo dieser Saboteur eine eigene Erschaffung ist und wo andere ihn beeinflusst haben, durch ein schlechtes Gewissen zum Beispiel. Ich glaube, es lohnt sich, diesen Untergrundkämpfer in uns genauer unter die Lupe zu nehmen.

Anfangs ist seine Stimme recht leise. Sie wirkt ein wenig schüchtern. „Willst du wirklich diese Veränderung, deinen Traum erfüllen, den Beruf wechseln, die Beziehung verlassen?" Es ist ein vorsichtiges Abtasten, durch eine simple Frage. Bei manchen Menschen reicht das, um sich, wie eine Schildkröte, die an den Füßen berührt wurde, in den Panzer zurückzuziehen.

Der Saboteur ist behutsam. Zunächst vermeidet er es, schlafende Hunde zu wecken. Kennst du das, wenn Eltern ihre Kinder auf eine subtil drohende Art anschauen, – nur gucken? So macht er das auch.

Hält uns das nicht auf, wird die Stimme lauter und eindringlicher. Noch argumentiert er mit uns. Auf der einen Seite relativiert er all unsere wichtigen Gründe, das Hamsterrad zu verlassen oder eine Rolle endlich abzulegen. Auf der anderen Seite verkauft er uns genau das als Paradies und Komfortzone. „Na sag mal Sisyphos, du hast dein Leben lang nichts anderes getan, als diesen Stein zu rollen. Du kannst doch gar nichts anderes, willst du jetzt wirklich ... weißt du nicht, wie peinlich das werden kann ..." Oder: „Du willst diesen wunderschönen Berg wirklich eintauschen gegen ... du kennst hier jeden Stein, jede Bodenwelle, hier bist du absolut sicher ..." Oder: „Ok, die Götter sind jetzt nicht immer besonders nett zu dir, und ja, manchmal lassen sie ihre Laune an dir aus, aber im Grunde war es doch immer schön und bequem für dich." Oder: „Ich verstehe, dass es dir so vorkommen muss, als würdest du den ganzen Tag nur sinnlose Steine rollen, aber das bildest du dir nur ein, wirklich. Eigentlich hast du hier alles, was du brauchst. Andere würden sich dieses Klarheit im Leben wünschen."

Genügend Menschen wird hier schon schwindelig und sie steigen direkt wieder aus. Es brauchte nicht viel, um Angst zu schüren und sie zu überzeugen, dass es in den gewohnten Denk- und Handlungsstrukturen sicherer ist. Es ist ein bisschen wie bei einem Kurzurlaub oder einem Tapetenwechsel, – mal andere Luft schnuppern, genießen und dann schnell wieder zurück. Schon hat sie zugeschnappt, die Falle. Bei manchen gibt es – für kurze Zeit zumindest – eine Phase des Bedauerns. Die legt sich aber wieder, denn der große Stein im Alltag kostet genug Kraft und Energie.

Andere stoppen auch hier nicht. Sie bekommen allmählich die geballte Wucht des Saboteurs zu spüren. Er wird wütend, schreit, zetert, droht, macht lächerlich und erniedrigt, wo er nur kann. Er hält uns das Schild „Versager" vor die Nase und überzeugt uns, es eh nicht zu schaffen. Dass erinnert ein wenig an Menschen, die andere in eine Beziehung zwingen und nicht loslassen wollen. „Ohne mich, bist du gar nichts", hören wir sie schreien und: „Mach dich doch nicht lächerlich, wo willst du schon hin, ohne mich?" In diesen Momenten zieht der Untergrundkämpfer all seine Register. Es wird unfair. Tritte unter die Gürtellinie. Gewissen und Werte werden geradezu bombardiert. Ein Duell im Belohungs- und Bestrafungssystem. Wer es bis hierhin geschafft hat, knickt jetzt ein und rennt panisch zur Sicherheitszone zurück. Um sich die Welt da draußen, die hinter dem Hamsterrad auszureden, sagt man sich: „Ich habe es wenigstens versucht". Anders vermag man mit dem Rückzug nicht zu leben.

Aber selbst auf dem härtesten Kampfplatz gibt es Menschen, die sich nicht mehr aufhalten lassen. Sie haben sich so intensiv auseinandergesetzt und reflektiert, dass sie genau darauf vorbereitet waren. Sie widerstehen dem Drang zurückzugehen und lassen sich nicht länger einschüchtern. Sie wissen, dass die Schreie bald verharren. Sie kapieren vor allem, dass sie selbst es sind, die entscheiden, ob sie dem inneren Saboteur, dem unfairen Untergrundkämpfer, die Macht geben oder bei sich bleiben.

KRABBENKORB-EFFEKT

Kommt der Saboteur nicht weiter, verlässt er sich auf eine unsichtbare Kraft, – die Macht der anderen. Er weiß genau, wie Menschen gestrickt sind. Werfen wir zuerst einen Blick auf die Krabbenkorb-Metapher. Sofern die Beobachtungen und Aussagen von Fischern stimmen, sind Krabben nicht unbedingt sozial. Nach dem Fang werden sie in einen Korb geworfen. Sobald eines der Tiere die Innenwand hoch krabbelt und den Rand erreicht – den Weg in die Freiheit – ziehen ihn die anderen Krabben herunter. Es scheint, sie sagen: „Mitgefangen, mitgehangen" oder: „Wenn wir nicht in die Freiheit können, dann du auch nicht."

Vielleicht hast du das selbst schon erlebt, du hast einen wundervollen Tag und irgendein Arsch kommt daher und vermiest alles. Aus purem Neid. Wie eifersüchtig werden solche Leute erst recht, wenn nicht nur ein Tag deines Lebens schön ist, sondern dein Leben selbst?

Du brichst aus Strukturen, aus einem Team, einer Gemeinschaft, einer Partnerschaft aus und dann packen sie zu, die Krabben. Sie sabotieren deine Vorhaben, lachen dich aus, beleidigen, greifen an, denunzieren oder betören, überreden und bequatschen dich. Sie legen dir Steine in den Weg. Alles nur, um dich zurückzuziehen. Haben sie das geschafft, ist das Ziel erreicht und du bist ihnen wieder egal. Es sind Gefangene, die den Mut zur Freiheit nicht aufbringen. Deshalb ertragen sie es nicht, wenn andere frei sind. Krabben aus dem gleichen Eimer schon gar nicht.

Das Phänomen erlebte ich hautnah, als ich früher das Rauchen aufgegeben, meine Ernährung umgestellt und wieder mit Sport angefangen habe. Ich habe noch nie so viele Zigaretten angeboten und „geschenkt" bekommen, wie in der Zeit des Entzuges. (Nein, ich habe sie nicht genommen). Es kamen Sprüche, wie: „Oh, mein Gott frisst du jetzt Hasenfutter?" Und „Ah ja, und wenn du jetzt jeden Tag durch den Wald rennst, geht es dir besser oder wie?" Und das Lustige war, diese Leute haben sich in ihrer Dummheit gegenseitig bestätigt. Kennst du das? Da reden Menschen so derb sinnfreien Müll und bilden sich ein, die „Guten" und die „Weisen" in dieser Situation zu sein. Sie bestätigen sich selbst mit einem herablassenden Lachen in deine Richtung. Und genau das halten einige nicht aus. Sie lassen sich irritieren und glauben, sie seien zu spießig, zu verkrampft, zu uncool. Sie versuchen, schnell wieder ins Lot mit dem Umfeld zu kommen. Denn der Außenseiterposten ist sehr einsam. Sie wissen nicht, dass der Gruppendruck und das Zugehörigkeitsgefühl den anderen Krabben in die Hände spielt. „Ganze Arbeit, Herr Saboteur und Frau Saboteurin".

Mache dir bewusst, verlässt du das Hamsterrad, stehst du eine Weile im Niemandsland. Du weißt noch nicht, wo du hingehörst. Diese Spannung ertragen viele Menschen nicht. Sie stehen es nicht durch. Deshalb rennen sie schnell den Berg hinunter, satt zum Gipfel, und legen ihre ganze Energie wieder in diesen Stein.

Da fällt mir das Zitat von Gandhi ein: „Zuerst ignorieren sie dich, dann lachen sie über dich, dann bekämpfen sie dich und dann gewinnst du." Na ja, oder die anderen Krabben siegen. Das liegt jetzt an dir!

EINSAM IM NIEMANDSLAND

Was ist es, dieses Niemandsland? Dir ist noch nicht klar, wer du bist oder sein willst. Du hast ein System verlassen und gehörst noch nirgends dazu. Du versuchst, dich zu orientieren, dir fehlen aber markante Punkte und ein Kompass. Weil es ein Niemandsland ist, gibt es keine Karte davon. Woher auch, denn weder du, noch „die Krabben aus deinem Eimer" waren jemals hier. Kannst du dieses Bild so annehmen?

Vielleicht bist du auch eher der Grenzgänger. Mit einem Fuß in alten Leben, mit dem anderen im neuen. Harte Schnitte, ohne Übergänge sind nicht jedermanns Sache. Sie bauen sich das brachliegende Land in Ruhe auf und übernehmen es dann. Sie kümmern sich z.B. erst um den neuen Job, schnuppern schon mal hinein und, wenn sie sich sicher sind, wechseln sie.

Es gibt Leute, denen macht es zum Beispiel nichts aus, von der alten in eine neue Beziehung zu gleiten. Das hat viele Gründe. Oft liegt es an der Angst vor dem Alleinsein. Halten wir hier nur fest, dass Menschen sofort ins ungewohnte Land wandern und andere erst ein Stück Niemandsland brauchen, um sich zu sortieren.

In vielen Situationen ist es so, dass das alte Leben abgebrochen wird, weil es nicht anders umzusetzen ist. Da hilft nur ein harter Schnitt. Co-Abhängige, Partner und Partnerinnen aus narzisstischen Beziehungen, Angehörige von Sekten und Opfer von Stalkern sind Extrembeispiele dafür. Manchmal sind es auch viel subtilere Beziehungsgeflechte, die einen Cut brauchen. Für die Person, die verlässt, bedeutet das, ein Weg ins nebulöse Ungewisse.

Das Niemandsland bringen wir unweigerlich mit dem Begriff Pioniere in Verbindung. Sie haben mit ihren wenigen Habseligkeiten alles hinter sich gelassen, um neues Land zu erschließen. Ihre Heimat bestand aus: nichts. Keine Häuser, Straßen, Geschäfte. Essen und Trinken konnte nicht am nächsten Kiosk besorgt werden. Es bedeutete harte Arbeit, Felder anzulegen und zu bestellen und einen Brunnen auszuheben, um die Grundversorgung zu sichern.

Das Niemandsland war kein Ort der Geborgenheit oder Ruhe. Nur Unsicherheit. Überall. Die erste Reaktion war bestimmt: „Oh man, wo fangen wir an?" Dieser Gedanken löste eine Kette weiterer Fragen auf. „Was sollen wir jetzt essen und trinken? Wo schlafen wir? Welche Gefahren lauern hier und wie schützen wir uns davor?" Das war die Stunde des Saboteurs: „Hätte ich dir auch gleich sagen können." Der Satz reicht, um dich aufs emotionale Karussell zu schmeißen. Jetzt kommen die Krabben aus ihrem Korb und reichen dir die Hände. „Na, zuhause war es schöner, oder? Da warst du im warmen Nest, kanntest dich gut aus. Jetzt weißt du nicht, was auf dich zukommt. Willst du dich wirklich noch einmal ganz neu einlassen auf Partnerschaft, Job, Ort?"

Anfangs versuchen wir, die Stimme des inneren Untergrundkämpfers zu überhören oder mit Arbeit zu übertönen. Doch die Zweifel sind gesät. Samen werden wachsen und sprießen, sofern wir sie im Boden lassen.

Und, wenn das Leben im Niemandsland nicht glatt läuft, wir es noch nicht erobert haben, schlittern wir in einen neuen Prozess: Verleugnen oder Schönreden. „Na ja, eigentlich hatten wir doch viele schöne Momente in unserer Partnerschaft." Die unerträglichen Augenblicke, die Erniedrigungen und ständigen Freiheitsberaubungen existieren nicht mehr. „Eigentlich war der Weg zur Arbeit viel einfacher, als jetzt." Alles andere wird ausgeblendet. „In der anderen Wohnung, war das Badezimmer echt schön." Der Lärm der Nachbarn wird verleugnet.

Wir Außenstehende hören zwar, was diese Menschen sagen, verstehen sie aber nicht. Wir schütteln nur mit dem Kopf. „Wie kann man so verblendet sein?", fragen wir rhetorisch. Dabei ergeht es uns, im eigenen Niemandsland nicht anders.

Fällt es dir nicht bereits ein Stück leichter, die Grenze ins neue Land zu überschreiten, wenn du jetzt weißt, was auf dich zukommt?

HINTERTÜR ODER BRENNENDE SCHIFFE?

Es gibt zwei Theorien, die Kriegsführung betreffend. Sie sind nicht nur unterschiedlich, sondern widersprüchlich. Die eine ist etwas salopp und sagt, wenn du vorne angreifst, lasse dir hinten eine Möglichkeit zum Rückzug oder zur Flucht. Damit das nicht ganz so plump klingt, reden wir lieber von Exit-Strategien, Plan B und Notfall-Maßnahmen. Um dieses Konzept zu untermauern, wird gesagt: „Wer keine Exit-Strategie plant, ist dumm."

Die andere Theorie scheint die heldenhaftere zu sein. Sie wird daher direkt in eine dramatische Geschichte verpackt. Sie wird verschiedenen Kriegsherren, zu unterschiedlichen Epochen zugeschrieben. Ich gebe frei wieder: Eine Streitmacht von zweitausend Soldaten steuerte ihre Schiffe auf eine Insel zu. Es gab den Befehl, diese zu erobern. Schnell sprach sich unter der Mannschaft herum, dass das Heer des Gegners, um ein Vielfaches größer ist. Die Kämpfer hatten Angst, manche gerieten in Panik. Sie wussten, sie fahren in den sicheren Tod.

An Land angekommen, hatte der Ober-Guru die Idee, alle Schiffe zu verbrennen, um damit die Flucht nach hinten zu unterbinden. In einer heroischen, aber kurzen Ansprache, haute er heraus: „Ihr könnt nun kämpfen oder untergehen."

Diese Geschichte wird bei etlichen Vorträgen über Motivation, Engagement und Kampfgeist verwurstet, – immer mit der Prämisse: „Wer will findet einen Weg, wer nicht will, eine Ausrede" oder herablassender: „Hältst du dir eine Hintertür offen, bist du feige."

Der Kommandeur wird gefeiert wie ein Held. Vergessen wird, dass er für alle Soldaten über Leben und Tod entschieden hat. Die Kämpfer hatten keine Wahl. Deren Eltern, Frauen und Kinder auch nicht. Es ging nur um Land, das ein paar wenige meinten besitzen zu müssen.

Welche Strategie ist die wirksamere, – ein Plan B oder Schiffe verbrennen? Erstens: Es gibt keine Standard-Antwort. Zweitens: Das entscheidest du! Dein Leben, deine Wahl. Du wirst selbst wissen, wann der eine und wann der andere Weg der bessere ist. Genauso durchschaust du, ob du es dir gerade etwas zu einfach machen willst. Du brauchst keine neuen Gurus, wenn du dabei bist, die alten abzuschütteln. Die Erlaubnis für deine Entscheidungen erteilst du dir auch selbst.

Ich beschreibe dir eine Situation aus meinem Leben, die zeigt, wie man in eine Richtung übertreiben kann. Ich hatte an einer anderen Stelle des Buches schon kurz darüber erzählt. Jetzt hole ich etwas aus. Als Kind spielte ich wahnsinnig gerne Arzt. Ob eigene Teddys, Puppen von meiner Schwester oder Menschen, jeden versorgte ich mit Pflaster und Verband. Herz abhören, Fieber messen und enorm wichtig, Medikamente verschreiben. Pflegen machte Spaß. In meiner Jugend habe ich an Wochenenden „Freiwilligen Sonntagsdienst" geleistet. Das heißt, ich bin jeden zweiten Sonntag früh aufgestanden, um im Krankenhaus zu helfen. Diese Aufgabe erfüllte mich. Auch Sozialstunden in der Pflege wurden mir aufgebrummt, da ich in der Verkehrskontrolle den Führerschein vergessen hatte, – also vergessen zu machen. Das war aber keine Strafe für mich. Das erste Schülerpraktikum leistete ich wo ab? Klar, in einem Krankenhaus. Nach der Schulzeit starte ich eine Ausbildung zum Krankenpfleger. Da war alles anderes. Jetzt dämmerte es mir allmählich, dass man mich als Schülerpraktikant und Jugendlicher verschont hatte, was die Arbeit im Hospital angeht. Jetzt, mitten in den Geschichten von Leid, Krankheiten, Ängsten und Tod, wurde mir ganz mulmig. Ich schleppte alle Eindrücke mit mir herum, nahm sie mit in meine Freizeit und in den Schlaf. Völlig unfähig emotional Abstand zu nehmen. Eine junge Frau, vierundzwanzig Jahre, der ich am Vortag die Medikamente ans Bett stellte, war am anderen Tag tot. „Du ziehst das jetzt durch, egal was passiert", spornte ich mich an. „Du wirst nicht feige wegrennen.", erhöhte ich selbst den Druck. Ich verlor an Gewicht, mir fielen die Haare aus, mein Hungergefühl versiegte und bald hatte ich so heftige Rückenschmerzen, dass ich nicht alleine laufen konnte.

Burn the ships, – um jeden Preis? Nein! Weil es nicht mehr darum ging, sich durch eine Aufgabe, die auch mal anstrengend wird, durchzubeißen. Mir wurde klar, ich kämpfe gegen meine eigentliche Baustelle, - mir einzugestehen, dass ich für diesen Beruf nicht geeignet bin. Das war hart genug. Es ist ein Kindheitstraum geplatzt, – ein Traum, mit dem ich mich seit langem identifiziert hatte. Ich war die Rolle Krankenpfleger. Ein abruptes Ende stürzte mich ins Niemandsland. Und jetzt? Da war nichts. Leeres Land. Öde. Um emotional nicht abzusacken, nahm ich einen Job als Hilfsarbeiter an. Die Arbeit war so blöde, wie ein Job nur sein konnte. Das beschämte und ärgerte mich. Ich folgte dem neuen Trott und merkte, dass es ruhiger wurde. Innerlich. In dieser Ruhe fasste ich wieder klare Gedanken und bebaute das Niemandsland. Stück für Stück. Das passierte nicht von heute auf morgen. Erst musste ich zu meinem Kern vordringen. Mit vielen Irrwegen.

Zurück zu dir. Notfall-Plan? Wenn du merkst, das

gewählte Leben ist so überhaupt nicht deins. Natürlich!

„Burn the ships"? Lebst du in deinem Element und brauchst „nur" den ein oder anderen Kampf durchstehen, – klar!

Entscheide du!

Wenn du dir z.B. vorgenommen hast, Gewicht zu verlieren und gesünder zu leben, gibt es keine Hintertür. Das wären schlicht Ausreden. Ein Willkommens-Geschenk für den inneren Saboteur. Du siehst, wie wichtig das Umfeld ist. Blinde Blindenführer oder eine Krabbe, die eine andere um Rat fragt? Wenig hilfreich.

Lass uns noch einmal einen Blick auf die Pioniere werfen. Sie waren kein Trupp aus wahllos zusammengewürfelten Menschen. Sondern eine Gemeinschaft, die sich erst suchen und finden musste, – einer aus diesem Dorf, zwei aus einer entfernten Stadt und der Dritte und Vierte kam wieder woanders her. Manchmal ist eine ganze Familie mit aufgebrochen. Manche trieb die Abenteuerlust, andere hatten ihre Existenz verloren und waren gezwungen neu anzufangen.

Wenn Abnehmen zufällig dein Thema ist, umgib dich nicht nur mit Leuten, die damit nichts am Hut haben. Suche dir Gleichgesinnte. Du wirst feststellen, dass du dennoch auf unterschiedliche Motivationen stößt. Einer ist frisch verliebt und wünscht sich, seine Herzdame zu beeindrucken. Eine andere wurde von ihrem Arzt gewarnt, kurz vor einem Herzinfarkt zu stehen. Eine weitere Person hat für sich das Wandern entdeckt, merkt aber, dass es mit zu viel Gewicht keinen Spaß macht.

Der jeweilige Ansporn ist gar nicht so wichtig. Suche dir Menschen mit dem gleichen Ziel, nicht derselben Motivation. Hauptsache die Krabben bleiben weg.

ZUSAMMENGEFASST

Wenn du das Buch bis hierher gelesen und durchgearbeitet hast, gratuliere ich dir. Damit hast du etwas gewagt, was nicht jeder tut, – hinsehen. Du zeigst, dass du kein Schwätzer, sondern Macher bist. Und Macher haben Macht über ihr Leben. Das aktiviert deine innere Kraft.

Damit du nicht durch das Buch reiten musst, fasse ich dir die wichtigsten Gedanken zusammen. Diese sieben Orientierungspunkte kannst du gedanklich immer mitnehmen:

1. Es gibt Anzeichen, an denen du erkennst, ob du dein eigenes Leben oder fremdbestimmt lebst.

2. Die Standortbestimmung, aufgezeichnet in der Mindmap, zeigt, wer du bist und sein willst. Auch,

welche Rollen du fallen lässt.

3. Die Annahmen über diese Welt helfen dir, dich auf die Dinge zu fokussieren, die du wirklich in der Hand hast und zu ändern vermagst.

4. Die Betrachtungen über Rollen schärfen den Blick, dich selbst besser wahrzunehmen und zu erkennen. Du weißt, welche Public Persona du leben und mit deiner Seele füllen möchtest.

5. Den inneren Saboteur wirst du in Zukunft schneller ausfindig machen, sodass du die Kontrolle behältst.

6. Der Krabbenkorb-Effekt ist ein Bild, das dich wachhält und davor bewahrt, in den Eimer zurückgezogen zu werden.

7. Die Metaphern der Kriegsführung, Hintertür und „burn the ships", geben dir zweierlei Strategien an die Hand. Sie verraten dir, ob durchhalten angebracht ist oder du einen Plan B brauchst.

Auf der nächsten Seite werde ich dir noch einen mutmachenden Text mitgeben.

DIE MENSCHEN IN DER ARENA

Der Text richtet sich an dich, der du in die Arena steigst, um dein Leben in die Hand zu nehmen. Er warnt ebenso die Krabben, die auftauchen werden.

Es ist ein Zitat von Theodor Roosevelt und heißt: „Der Mann in der Arena". Für Frauen und Jugendliche, die ihr Leben in die Hand nehmen und mutige Entscheidungen treffen, gilt er natürlich ebenso. Deshalb habe ich die Überschrift des Kapitels angepasst.

Bei der Suche im Internet, nach einer deutschen Version stieß ich auf die Seite gladum[2]. Ihr ist der Text entnommen.

„Es ist nicht der Kritiker, der zählt, nicht derjenige, der aufzeigt, wie der Starke gestolpert ist oder wo der, der Taten vollbracht hat, sie hätte besser machen können.

Die Anerkennung gebührt dem, der wirklich in der Arena ist; dessen Gesicht verschmiert ist von Staub und Schweiß und Blut; der tapfer strebt; der irrt und wieder und wieder scheitert, denn es gibt keine Anstrengung ohne Irrtum und Fehler; der jedoch wirklich danach strebt, die Taten zu vollbringen; der die große Begeisterung kennt, die große Hingabe, und sich an einer würdigen Sache verausgabt; der, im besten Fall, am Ende den Triumph der großen Leis-

---

2   HTTP://GLADUM.CH/WORDPRESS/2016/06/05/THE-MAN-IN-THE-ARENA/

tung erfährt; und der, im schlechtesten Fall, wenn er scheitert, zumindest dabei

scheitert, dass er etwas Großes gewagt hat, so dass sein

Platz niemals bei den kalten und furchtsamen Seelen sein wird, die weder Sieg noch Niederlage kennen."

Es war mir eine Ehre, meine Gedanken mit dir teilen zu dürfen. Ich würde mir wünschen, dass sie dich bereichern, ermutigen, inspirieren und vielleicht sogar ein paar Schritte weiterbringen.

Manchmal braucht es Mut, sich loszureißen und seinen eigenen Weg zu gehen. Die Stolpersteine werden kommen, die Krabben auch. Lasse dich davon nicht beirren.

Wenn du Fragen hast oder Unterstützung brauchst, melde dich gerne über meine Mail:

info@van-dinter.de

oder besuche meine Homepage:

www.ergebnisse-mit-wirkung.de.

Auf bald

Dirk T. van Dinter

DANKSAGUNG

Mein Dank gilt zuerst meinen Kindern, die oft auf mich verzichten mussten, als ich dieses Buch schrieb. Vor allem für die Lütte war es nicht immer einfach. Geht halt alles von der Spielzeit ab ...

DANKE!

Besonders bedanken möchte ich mich bei *Karen Christine Angermayer.* Sie hat mich als Lektorin und Coachin bis zu meinem finalen Buch begleitet. Der Austausch mit ihr war mutmachend, inspirierend und zielführend. Sie gehört zu den seltenen Menschen im Leben, die man nicht mehr gerne gehen lässt, wenn man einmal mit ihr zu tun hatte.

DANKE!

Wenn auch du von einem eigenen Buch träumst, schau mal, ob sie auch dich unterstützen kann.

https://angermayer-sorriso.com/